SFI

上海新金融研究院

SHANGHAI FINANCE INSTITUTE

探索国际金融发展新趋势，求解国内金融发展新问题，

支持上海国际金融中心建设

新金融书系
NEW FINANCE BOOKS

金融租赁研究

廖岷　凌涛　钟伟　著

中国金融出版社

责任编辑：丁　芊
责任校对：张志文
责任印制：陈晓川

图书在版编目（CIP）数据

金融租赁研究（Jinrong Zulin Yanjiu）/廖岷，凌涛，钟伟著 . —北京：
中国金融出版社，2013.4
（新金融书系）
ISBN 978 – 7 – 5049 – 6834 – 0

Ⅰ . ①金…　Ⅱ . ①廖…②凌…③钟…　Ⅲ . ①金融—租赁—研究—中国
Ⅳ . ①F832. 49

中国版本图书馆 CIP 数据核字（2013）第 050138 号

出版
发行　中国金融出版社

社址　北京市丰台区益泽路 2 号
市场开发部　（010）63266347，63805472，63439533（传真）
网 上 书 店　http://www. chinafph. com
　　　　　　（010）63286832，63365686（传真）
读者服务部　（010）66070833，62568380
邮编　100071
经销　新华书店
印刷　利兴印刷有限公司
尺寸　170 毫米 ×230 毫米
印张　12. 5
字数　178 千
版次　2013 年 4 月第 1 版
印次　2014 年 6 月第 2 次印刷
定价　35. 00 元
ISBN 978 – 7 – 5049 – 6834 – 0/F. 6394
如出现印装错误本社负责调换　联系电话（010）63263947

新金融书系
NEW FINANCE BOOKS

书系编委会

"新金融书系"是由上海新金融研究院创设的书系，立足于创新的理念、前瞻的视角，追踪新金融发展足迹，探索金融发展新趋势，求解金融发展新问题，力图打造高端、权威、新锐的书系品牌，传递思想，启迪新知。

序言

上海新金融研究院经过一年多的辛苦努力，其最终研究成果《金融租赁研究》终于付梓了。作为这些成果的参与者和资助人，再回头看这些作品时，真是感叹良多。

我国的金融租赁行业真正起步于2004年，2007年进入发展快车道。与发达国家相比，我国融资租赁行业表现出以下特征：一是渗透率偏低，未来市场发展潜力巨大；二是产品单一，盈利模式与信贷业务类似；三是行业基础设施仍处于建设阶段。随着我国经济结构调整和金融业改革的深入，融资租赁的产业链趋势日益明显，与特定产业链相结合的服务型租赁将成为核心的业务模式和产品形态。

随着金融与产业链条融合程度的提高，金融服务覆盖面将不断扩大，融资租赁"产业链"趋势日益明显，与特定的产业链条相结合而发展起来的服务型租赁将逐渐成为核心的业务模式和产品形态。未来10年金融租赁行业将保持快速增长。据有关部门的研究结论，预计到2020年，行业规模将达到12万亿元人民币。其中，直租和回租业务比例将由2012年的1∶3演变为2020年的1∶1；中小单的业务量将出现大幅度增长。这既是行业逻辑的合理回归，也是金融资源市场化配置的必然结果。行业整体收益水平仍将高于传统信贷业务，但差距将逐步缩小。各租赁公司经营性租赁仍然不会出现突破性发展。银行附属租赁公司所占份额将呈现下降趋势，但仍保持市场优势地位。

依靠母行的资源，银行系金融租赁公司在发展过程中，有着其他租赁公司所没有的优势。这些优势主要体现在：一是资金成本优势。商业银行设立的金融租赁公司除了注册资本较一般租赁公司雄厚外，通常还能以较低的成本取得所需资金。相比而言，其他租赁公司在这方面遇到的困难会较多。二是客户资源与营销网络优势。通过与分支机构的资源共享，商业银行金融租赁业务能够比较容易地找到客户资源，并锁定目标客户，有着明显的客户信息和营销网络优势。三是风险管理优势。金融租赁业务的特殊性和复杂性较强，因而，成熟、先进的风险管理技术成为金融租赁公司实现稳健经营的前提。银行系租赁公司可以借助商业银行现有的风险识别、分析和计量能力，帮助自身进行风险控制，较其他租赁公司而言，具有明显的风险管理优势。四是租后成本管理优势。银行系租赁公司的租后管理可以委托出资银行的分支行进行，从而有效节约人财物力等的成本。

当然，要充分利用好这些优势，但金融租赁业仍然会面临着一系列问题。这些问题，既有宏观层面的，也有政策层面的，更有业务操作层面的。所有这些问题集中起来可以归结为：一是金融租赁如何适应宏观调控和财政、货币金融政策的要求，形成良好的发展环境；二是在各家银行的多元化发展战略中，如何把金融租赁工具嵌入到整个银行业发展的总体框架中，使金融租赁在充分利用母行优势促进自身发展的同时，成为母行实现综合化发展的重要战略平台；三是在各种金融工具中，如何充分发掘金融租赁的接着实体经济和金融资本市场的特有功能优势，寻找最切合金融租赁业发展的市场空间；四是在国内实体经济结构调整、企业兼并重组以及技改扩建速度显著加快的背景下，如何按照金融租赁的业务特点，形成最适合企业发展要求的业务模式；五是如何依托中国快速发展的经济环境，在成熟的国际金融租赁市场中，提升中国金融租赁业的市场份额，提高中国金融租赁业在国际市场中的竞争力和话语权。党的十八大后，金融租赁迎来了良好的发展期。要抓住这一机遇，不仅我们金融租赁企业要认真思考和解决这些问题，金融租赁的政策制定部门、监管部门，以及热心于金融租赁的科研单位，也在关注着这些问题。《金融租赁研究》中所选取的研究成果，从不同角度针对上述问题进行了必要的探讨，其所形成的结论，对各个方面来讲，都有很好的借鉴意义。

农银金融租赁有限公司作为这些成果的第一个受益者，深感科学技术是第一生产力的重要意义。在这些研究成果的指导下，农银租赁在这短短的两年多时间内，已经初步形成了自身的业务特色。目前，农银租赁把自身定位为农业银行重要的战略业务单元、对公金融业务和"三农"金融业务的重要产品线。按照贯彻母行发展战略，服务母行市场定位的要求，明确了服务"三农"、服务小微企业、服务高端客户、服务上海"双中心"建设、服务母行综合化经营和国际化战略的市场定位，切实加大对实体经济的支持力度，努力为经济社会发展提供专业化、个性化、国际化的资产融资服务。所有这些，除了依靠农业银行总行的正确领导和我们自身的努力外，借助"外脑"，充分吸收这些研究成果的建议，是农银租赁发展中的一个重要因素。为此，我作为农银租赁公司的总裁，在此特别向各位读者推荐这本书，希望通过这本小书，能够对我国金融租赁业的发展有一定的帮助。同时，我们更热切地希望，能够通过上海新金融研究院这个研究平台，和广大读者一起，共同就我国金融租赁业的发展展开讨论，共同促进我国金融租赁业理论的繁荣和业务的拓展，更好地使金融租赁成为让资产创造价值的重要工具，成为促进我国实体经济发展的重要手段。

农银金融租赁公司总裁　高克勤

2013 年 3 月

目　录

新金融书系
NEW FINANCE BOOKS

中美两国融资租赁业的比较研究

课题委托方

上海新金融研究院创始理事单位：农银金融租赁有限公司

课题负责人

廖　岷：上海新金融研究院学术委员、上海银监局局长

课题组成员

廖　岷　林　谦　陶瑾宇　高一翔　王　威　孙　永

前　　言

　　自 20 世纪 80 年代，融资租赁被作为纾解我国企业技术改造和资金匮乏困局的手段而引入我国以来，始终表现出顽强的生命力。虽几度面临全行业困境，也曾有许多风光无限的公司最终破产清算，但融资租赁仍牢牢扎根于中国市场经济的土壤，并总是能够在挫折中不断成长。现代租赁业的发端并不久远，第二次世界大战以后兴起的第三次技术革命导致市场主体对设备更新和固定资产投资的渴求，直接带来了融资租赁业的逐步繁荣，而正是融资租赁所具备的"产业与资本结合的纽带"特征，使得融资租赁能够更好地服务于实体经济，尤其在解决中小企业融资困难问题上体现出天然优势，或许，这就是融资租赁业在我国几度沉浮，却顽强发展的"秘密"所在。

　　2007 年以来，随着银行系金融租赁公司的加入，我国的融资租赁业呈现出前所未有的活力，融资租赁公司数量迅速增加，租赁资产规模不断扩大，连国际租赁行业的专家都表示"中国融资租赁业的出色表现，使得全球租赁市场出现反弹"。但随着经济周期的变化，融资租赁作为一种中长期金融工具，能否在实体经济结构调整过程中实现自我繁荣与发展？对融资租赁行业监管的分界线到底在哪里？银行系租赁公司应当遵循何种发展之路？中国融资租赁业和监管部门是否真的已经做好不良局面的应对准备？这些问题都需要每一位融资租赁业参与者加以仔细思考和悉心解决。

　　通过比较分析国际融资租赁行业在发展历程和现状、监管模式、法律环境及政策支持的诸多差异，我们得出以下结论：融资租赁业的发展与产业技术革命相伴而生，并随着金融市场深化而深化，国际融资租赁也是随着产业国际化而发展起来的。实际上，一国的租赁设备渗透率与该国的产业结构调整和技术革新同步，融资租赁业始终与实体经济紧密结合，其风险受实体经济波动影响较大。对于目前我国高速发展的融资租赁行业，必须在创造良好发展环境、提升租赁公司综合实力与从业人员素质的同时，充分认识融资租赁的金融属性，尤其对经济下行周期融资租赁业可能受到的实体经济与市场流动性缺失双重冲击引起充分警惕，并加强对我国融资租赁业监管以防范可能存在的系统性风险。

作为金融行业的监管者，我们始终感觉肩头所担负的责任：历史经验教训应当被充分汲取，一种能促进投资需求和国民经济发展的金融工具，一个已被证明有强大生命力的产品和行业，不应该再次由兴盛走向衰颓。这也正是我们这一比较研究的最大出发点。

摘　　要

　　融资租赁业在发达国家被誉为核心产业，是商品流通的主要渠道之一，在国民经济和市场体系中扮演了重要角色。融资租赁也是成熟市场经济的产物，租赁业务市场渗透率①已经成为衡量金融服务实体经济以及金融市场经济成熟度的重要指标之一。

　　中国租赁业虽然有着悠久的历史渊源，但直到20世纪80年代改革开放以后，现代意义上的融资租赁业才被真正引入中国。然而，由于我国融资租赁业自身存在的问题、经营理念、经营技术以及外部环境（政策、税收、监管、法律、市场、理念）等方面的限制，整个行业还处于一个初步发展的阶段，没有发挥其应有作用，与当前我国实体经济转型与发展的需求还有一定差距。

　　本文试从融资租赁相关理论出发，比较分析中美两国融资租赁行业在发展及现状、监管模式、法律环境及政策支持等方面的差异，剖析中国融资租赁业发展过程中存在的各种层面上的障碍，在此基础上为我国融资租赁业的未来发展提出对策和建议，并对当今中国融资租赁业的热点问题进行了探讨。

　　关键字：融资租赁业　中美比较　发展对策　热点问题

---

① 租赁业务市场渗透率包括租赁设备渗透率和GDP渗透率。设备渗透率是指年租赁交易总额占固定资产投资总额的比率，GDP渗透率则指的是年租赁交易总额与GDP的比率；前者自1980年开始使用，后者自2001年开始使用。为保持数据采集的统一性，如不作特别说明，本文使用的租赁市场渗透率全部是使用期限较长的租赁设备渗透率。

Abstract

As one of the main channels of the circulation of commodities, leasing is hailed as core industry in developed countries and plays a significant role in national economic system. The market penetration ratio of leasing has become an important index to measure the maturity of financial market, and to judge the extent how financial industry serves real economy.

Although renting has a long history inChina, leasing wasn't introduced to China until the reform and opening up in 1980's. However, due to internal management problems and external policy environment factors (policy, tax, regulatory, law, market, idea), China's leasing industry is still in their preliminary stage, and far from meeting the requirement of real economy's transformation and development.

Starting from leasing history and related theories, this article studies the difference between China's leasing industry and USA's leasing industry in current situation, regulatory pattern, legal environment and policy support, and analyzes several factors that hinder the development of China's leasing industry. Based on above analysis, this article puts forward some proposals and discusses several hot issues for the development of China's leasing industry.

Key word: Leasing Industry, Comparison between China and USA, Proposals, Hot Issues

文 献 综 述

1. 国际融资租赁相关文献

对于融资租赁的研究，无论是理论探讨、实践总结还是产品创新等方面，英美学者都处于领先地位。国外文献中较早在国内翻译出版的有《租赁》（T. M. 克拉克，物资出版社，1984）、《租赁还是购买?》（普里查德、欣德兰，上海翻译出版社，1985）、《租赁决策》（彼得·T. 埃尔格斯，中国财政经济出版社，1988）、《租赁技巧与分析》（艾索姆、阿门巴尔，中国经济出版社，1989）、《租赁》（宫内义彦，中国金融出版社，1990）等。

融资租赁是经济学的一个部分，虽然宏观经济学理论与微观经济学理论都形成了许多体系分支，但租赁界却没有形成类似经济学的门派之争。当然，在基本理论方面，融资租赁的研究也涉及法律、税收和会计制度等，因此，不同论著对于融资租赁的实质、分类、产生原因等方面有着不同观点。对于融资租赁的实质，普遍观点是：融资租赁既有租赁的形式又有融资的作用，并且隐含了产品销售的功能。出于对融资租赁交易各方法律义务界定的需要，融资租赁合同又被称为租赁契约、分期付款买卖、动产担保交易、独立品种契约、货币借贷契约等。在分类上，最具代表性的是将融资租赁分为传统租赁、售后回租、杠杆租赁、厂商租赁、转租赁等。对于融资租赁存在的原因，则有债务替代理论、税率差别理论、代理成本和破产成本理论等。而对于融资租赁发展的阶段划分，则以苏迪尔·阿曼波的五阶段论最具代表性[①]，即简单性、创新性、资产经营性、新产品以及成熟期五个阶段。

税收与跨国交易是融资租赁产品创新的重要驱动力，也是国外相关文献中较为侧重的部分。许多融资租赁文献对主要国家相关税收情况以及其他方面的

---

① 若包括传统租赁则构成通常意义上租赁业发展的六个阶段。

法律规定进行了研究，包括预提税协定、免税岛或免税区等国际间税收。也有部分文献主要介绍行业或租赁物保险与技术要点，诸如航空与船舶保险、维修要点等；或者对融资租赁会计准则及会计处理进行专门研究，并对不同国家的具体情况给予对比，较具代表性的是学术专刊 CCH 租赁会计 (*CCH Accounting for Leases*)。前述文献对融资租赁经营者的实际运作具有良好的指导意义。

英美学者方面。例如，Albert F. Reisman 在 1977 年出版了《设备租赁——杠杆租赁》 (*Equipment Leveraged Leasing*) 之后，1980 年与 Bruce E. Fritch 一起出版了修订后的第二版；1988 年又与 Bruce 及 Lan Shrank 修订出了第三版；1999 年由 Ian Shrank 和 Arnold G. Gough 修订出了第四版。这部文献是研究杠杆租赁及跨国租赁的经典著作。

20 世纪 90 年代，金融产品创新风行全球，金融资产证券化及金融衍生品层出不穷。作为金融资产的融资租赁债权，其证券化也成为研究对象，内容包括资产组合配置、交易结构设计、评级增强服务等方面。同时期，金融风险的累积也引起了监管者的关注，特别是本次金融危机之后，对于融资租赁资产组合的风险控制研究不断深化，以资产证券化、资产转让、企业并购转让为主要对象的研究逐渐丰富。同时，融资租赁业在经济下行期如何提升风险管理能力也是最新研究领域。

对于融资租赁的研究，部分西方组织功不可没，例如欧洲货币、世界银行、荷兰威科集团旗下的出版商 CCH 公司以及各国租赁协会等。它们不仅定期提供各国关于租赁税收、法律制度等最新动态，而且出版各种统计资料，为数据分析提供依据。欧洲货币每年组织出版的《世界租赁年鉴》就具有很好的数据参考价值。

2. 国内融资租赁相关文献

我国的融资租赁理论主要以介绍和跟随国际主流理论为主。关于融资租赁的早期文献有《现行法上租赁之研究》 (龙显铭，商务印书馆，1944)、《融资租赁业务讲座》(魏玉树、刘五一，中国金融出版社，1989)、《融资租赁技巧》(夏立平，中国金融出版社，1989) 和《金融租赁理论与实务》(刘锡良、况勋泽，西南财经大学出版社，1990) 等。可以说，国内对融资租赁的真正研究始于 20 世纪 90 年代初，此后的文献才逐渐增多。

除了对国外融资租赁理论与实务的介绍以及有关译著外，国内文献大多集中于融资租赁的微观研究，主要探讨某一行业的融资租赁业务，或者研究融资租赁相关的税收法规、会计核算、行业监管等单一领域。例如，早期的《融资租赁技巧》（夏立平，1989）、《融资租赁会计》（王少勇，1993）、《国际融资租赁法律实务》（肖燕，1996），以及《租赁合同、融资租赁合同实务操作指南》（闫海，2000）、《金融租赁业务》（秦永顺，2008）、《融资租赁在中国：问题与解答》（姜仲勤，2008）等均以融资租赁的某一领域作为研究对象。

国内研究融资租赁宏观层面的学者相对较少，并且以定性分析为主，极少涉及定量分析，这与我国统计数据不够完善密切相关。涉及融资租赁宏观层面研究的代表性文献有《融资租赁理论探讨与实务操作》（裘企阳，2001）、《融资租赁及其宏观经济效应》（史燕平，2004）、《租赁融资在资本市场中的作用》（屈延凯，2000）。

国内的融资租赁法律研究也在不断推进。2004 年 3 月 16 日，全国人大财经委成立了《融资租赁法》起草组，并在国际金融公司中国项目开发中心（IFC PEP–China）的资助下，对相关政策进行了研究，起草了《融资租赁法》。虽然前述草案因意见不一致及《物权法》的出台而被搁置，但李鲁阳作为起草组成员之一，组织整理了研究成果，出版了融资租赁立法研究丛书，包括《融资租赁的监管》（李鲁阳、张雪松，当代中国出版社，2007）、《融资租赁若干问题研究和借鉴》（李鲁阳，当代中国出版社，2007）、《融资租赁的税收》（郝昭成，当代中国出版社，2007）和《融资租赁登记与取回权》（高圣平、乐沸涛，当代中国出版社，2007）。

3. 国内融资租赁理论研究的主要观点

金融租赁交易中的所有权超越了传统民法物的所有权的物质表现形式，创造了一种以信用为基础、以资金融通为目的的所有权形式，称为信用所有权。（刘敬东，2001）

租赁风险管理已越来越成为金融租赁公司提高盈利能力和竞争力的重要方面，中国金融租赁业的实践表明，风险管理水平高低是衡量金融租赁公司

是否具有持续经营能力的关键。（程东跃，2004）

租赁法规建设的滞后，使得出租人合法权益得不到充分保护，严重挫伤了租赁企业的积极性。现代租赁业的发展对我国经济具有特殊意义，国际租赁不仅帮助我国引入世界上先进的生产设备，而且解决了我国企业发展的资金短缺问题，并为我国产业结构的调整提供了灵活方便的工具。（王冰，2005）

由于融资租赁出租人所承担的是承租人或担保人不能履行其支付或代偿租金等资金债务的信用风险，因此融资租赁同银行信贷并列，同属金融业下的银行业。我们应当对融资租赁机构和融资租赁业务实施适度监管，监管机构只应是主管银行业的银监会。（裴企阳，2009）

总体而言，目前国内的融资租赁研究主要在参照国外研究、经验的基础上，着重构建西方模式的法律框架、统一对租赁行业监管、制定相应法律规定以规范各参与主体的权利义务以及财会与税收制度的优化改进、企业内部的风险管理等，并提出了较多有利于融资租赁发展的政策建议。

一、总论

（一）租赁概述

1. 租赁的定义

租赁，是指在约定的期间内，出租人将资产使用权让与承租人，以获取租金的协议。其主要特征是转移资产的使用权，而不是转移资产的所有权，这种转移是有偿的，取得使用权以支付租金为代价，从而使租赁有别于资产购置和不把资产使用权从合同一方转移给另一方的服务性合同，以及无偿提供使用权的借用合同。在租赁过程中，租赁各方均按合同约定来履行各自的责任和义务，并享有相应的权利。出租人的责任是将符合要求的设备转交给承租人，权利是按规定的日期和金额收取租金。承租人的责任是按规定的要求向出租人支付租金，权利是取得符合要求的设备使用权。

2. 租赁的种类

根据基本交易结构及其相应基本功能的不同，租赁可分为两种最基本的类型，即传统租赁和现代租赁（广义的融资租赁）。而现代租赁根据其会计处理方式的不同又被分为狭义的融资租赁和经营性租赁两种。

（1）传统租赁

传统租赁是指出租人将自己原有财产或根据其对市场需求的判断而购进的具有相对通用型物件，通过不断出租给不同承租人使用而逐步收回租赁投资并获得相应利润的一种租赁类型。

其特点为：一是可撤销性。这种租赁是一种可解约的租赁，在合理的条件下，承租人预先通知出租人即可解除租赁合同，或要求更换租赁物。二是期限较短。传统租赁的期限一般比较短，远低于租赁物的经济寿命。三是不完全付清。传统租赁的单次租金总额一般不足以补充出租人的租赁物成本并使其获得正常收益，出租人在租赁期满时将租赁物件再出租或在市场上出售才能收回成本。因此，出租人承担租赁物件过时的风险和租赁物投资的风险。四是全方位服务。出租人有义务向承租人提供关于租赁物件的相关服务，如对租赁物件的维护与保养等。

（2）现代租赁

现代租赁又称广义的融资租赁，是指出租人根据承租人和供货人的选择，从供货人处取得租赁物，将租赁物出租给承租人，向承租人收取租金的交易活动，租赁期间届满时承租人可以续租、留购或返还租赁物。[①]

现代租赁根据其会计处理方式的不同又被分为狭义的融资租赁和经营性租赁两种。

狭义的融资租赁是指出租人向承租人转移了与租赁资产有关的全部风险和报酬的租赁，因此由承租人在表内确认租赁资产并计提折旧同时确认负债。其特点为：一是不可撤销。这种租赁不可解约，在基本租赁期间内双方均无权撤销合同。二是完全付清。在基本租期内，设备只租给一个用户使用，租赁人支付租金的累计总额为设备价款、利息及租赁的手续费之和。三是租期较长。租赁期接近设备的经济寿命。四是租赁期内由承租人自行维修保养，租赁期满设备归承租人所有，或由承租人支付残值后拥有设备。五是至少包含三方当事人和两个合同。一项融资租赁交易至少有三方当事人，即承租人、出租人和供货商，而且至少有两个合同，即贸易合同和融资租赁合同。

经营性租赁是指不满足会计准则中有关融资租赁定义的租赁，出租人并未向承租人转移与资产有关的全部风险和报酬，保留了一部分残值风险。因此其会计处理类似于传统租赁，由出租人在表内确认租赁资产并计提折旧。而承租人不需要在表内确认相关资产负债，可以改善其财务结构。根据美国著名租赁学家苏迪尔·阿曼波（Sudhir P. Amembal）的五阶段论，经营性租赁是现代租赁发展的第三阶段，是由于出租人竞争加剧为满足承租人表外融资的需求而出现的。

从租赁角度来看，传统租赁是一种商业服务性质的交易，这种商业服务可以是单纯对物的服务，即只出租给用户所需要的租赁物件；也可以采取人与物组合的模式，即出租人在给用户提供租赁物的同时，还配备相应的操作人员。但无论哪种模式，都属于商业服务的范畴。而现代融资租赁的出现，

---

① 《中华人民共和国融资租赁法（草案）》（三次征求意见稿）。

使租赁的目的由满足用户短期使用变为中长期融资，使其具备了金融属性，赋予了租赁行业融资的功能，使租赁这一古老的经济活动焕发出新的活力。因此，融资租赁产生之后，迅速被各国企业普遍接受，形成了大量需求，带动了全球融资市场的迅速扩大与发展。本文所探讨的租赁，如无特别说明，均指现代租赁。

3. 融资租赁的特征

（1）租赁资产的所有权与使用权分离。在租赁期限内，租赁资产的所有权始终属于出租人，出租人获取租金，承租人占有资产使用权。

（2）租金采取分期收取模式。即以租赁资产所有权和使用权分离作为基础，承租人以较少的租金获得设备使用权，一方面，承租人资金的流动性得到了保证；另一方面，承租人通过使用设备先期获得了收益。

（3）融资与融物相结合。融资租赁具有融资、融物双重功能。虽然出租人出资购买承租人指定的标的物，提供给承租人使用，而不是直接提供贷款，但实质上是出租人以融物方式解决承租人购置生产设备的资金需求，而出租人则通过收取高于贷款本息的租金获得投资回报。融资租赁把借钱与借物两者有机结合起来，并以借物还钱形式实现租赁的全过程。这种方式使得承租方同时解决了资金和设备问题，提高了效率，增加了融资渠道。

（4）经济周期敏感性特征。由于融资租赁具有融物的特点，与实体经济的契合程度较高，能敏锐地反映实体经济的需求，尤其是设备投资的需求，因此它对经济发展的敏感性较强，反应幅度也要大于 GDP 的波动幅度。当经济增长良好且金融稳定时，融资租赁业发展势头良好；反之，当经济增速下降或衰退时，融资租赁业也会受到冲击。而且，受经济波动冲击时，融资租赁业交易额下降较快；当经济复苏时，融资租赁业回升速度也相对较快。同时，融资租赁公司的收益率随着经济波动也呈现出较大的波动。

如图 1-1 所示，2007 年，全球国内生产总值增幅为 3.95%，全球融资租赁交易额增幅达到 19.96%；2008 年，全球国内生产总值增幅为 1.33% 的情况下，全球融资租赁交易额已经呈现下滑，降幅达到 15.31%；2009 年，全球国内生产总值下降 2.22%，全球融资租赁交易额则下降 13.44 个百分点；2010 年，全球国内生产总值回升幅度为 4.34%，而全球融资租赁交易额则回升了 10.68%；2011 年，全球国内生产总值回升幅度仅为 2.73%，而全球融资租赁交易额则回升了 17.44%。

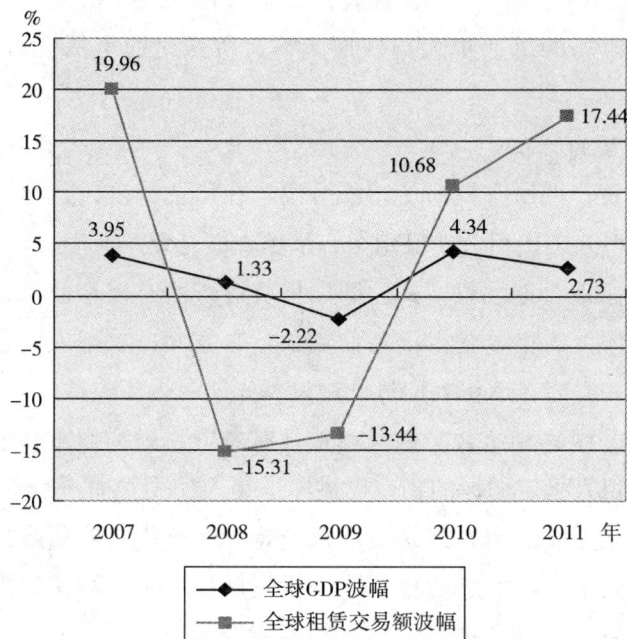

资料来源：根据世界银行公开数据和 WHITE CLARKE GLOBAL LEASING REPORT 整理所得。

图 1-1 2007—2011 年全球 GDP 与租赁交易额的波幅比较

4. 融资租赁的优势

融资租赁是以融物的方式来融资，是融资和融物的有机结合，两者的结合使融资租赁具备下列主要优势：

（1）微观角度

一是符合参与各方的需要。承租人有权选择自己最需要的设备，掌握设备更新的主动权，减少资金投入，提高自有资金使用效率，降低设备的无形损耗（由出租人承担），有利于避免利率、汇率风险，且比银行借款手续简便。出租人融出的资金由设备所有权作担保，能比较安全地收回投资并可获利，从图 1-2 中可以清楚地看到，租赁业务的坏账核销率在低于其他信贷业务的同时，还保持了较为平稳的走势。设备制造商则可以扩大产品销售。

二是具有银行贷款及其他融资方式所不具备的优势。对部分企业而言，

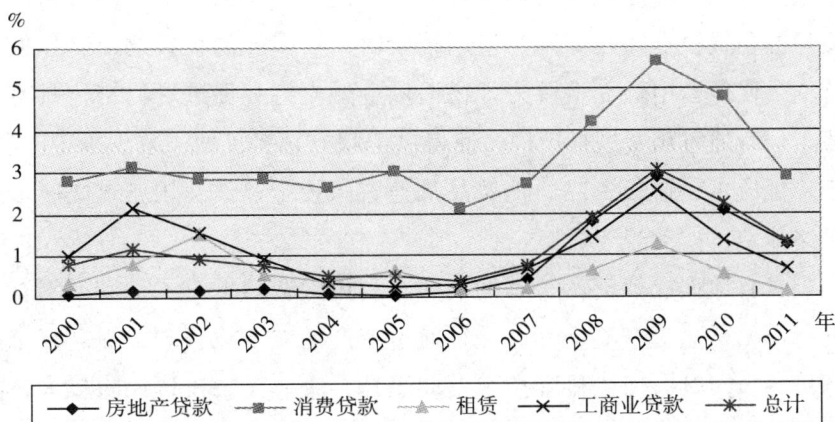

资料来源：美联储官方网站。

图 1-2　2000—2011 年美国银行业信贷资产分行业坏账核销率比较

银行贷款（主要是指分期偿还的银行贷款）的供应量有限，提供担保难，需求方较难获得银行贷款，即使取得贷款一次性购入设备并获得所有权，但由于技术进步，购入设备的市场生命周期短，而设备的法定使用年限长，企业需承担设备技术进步的风险。同时，由于旧设备无法处理而不能主动及时更新设备，影响企业的效率与发展。而融资租赁以物为担保及时取得设备使用权，租赁期与市场生命期一致，保证了设备及时更新，防止了设备无形损耗。至于其他融资方式，如股权、债权融资，则受到企业条件、入市标准等更为严格的限制。

（2）宏观角度

一是具有投资增长功能。融资租赁为社会投资提供了一个新的投资领域，并且投资税收抵免政策的实施可促使许多投资人选择杠杆租赁投资模式来获取政策优惠。更为重要的是，融资租赁具有投资可持续功能。经济可持续发展的前提是投资可持续，投资可持续的前提是存在帮助投资人回收投资和锁定风险的运作机制。提取折旧、税负减免是一种最基本的回收投资、锁定风险的措施。但是，当亏损企业没有足够的营业收入去冲销提取的折旧时，资产折旧就形同虚设。融资租赁折旧换位、税收换位的机制，可以使不同条件的企业公平地享受税收激励机制，促进生产、流通和投资活动的可持续。

二是具有加速商品流通功能。融资租赁的融资融物功能，以及租期内出租人灵活的租赁投资回收方式、租期结束时灵活多样的租赁物所有权处置方式等特征，使得运用融资租赁为货物提供金融支持和促进货物销售具有独特的优势。厂商通过租赁进行销售，使得供需双方直接见面，减少了中间环节，有利于降低成本，使投资品、消费品加速进入投资、消费领域，快速形成投资和最终消费，拉动经济增长。

三是具有加强社会资产管理的功能。利用融资租赁方式，实现闲置资产的充分运用，增强资产流动性，并且通过资产的专业化管理，提高整个社会资产利用率。同时，现代科学技术发展迅速，企业设备投资风险较大，融资租赁为企业规避机器设备投资风险提供了可能。企业可以通过融资租赁加强内部资产管理，加快机器设备更新改造，有利于推进整个社会产业升级。

四是融资租赁具有宏观经济政策弥补功能。利用融资租赁促进中小企业融资。融资租赁对解决中小企业融资难问题以及对中小企业更新设备促进技术进步、改善财务结构、平衡利税、积累发展资本等有着其他信贷支持方式所达不到的效果。美、德、英、加拿大等发达国家以及巴西、韩国等国家在运用融资租赁解决中小企业融资难问题的过程中均取得了一定成效。

利用融资租赁促进投资税收抵免政策的有效实施。投资税收抵免政策在两种情况下会失灵：一是新建和亏损企业没有足够的应税能力而在投资时无法获取政策优惠；二是有投资能力又有应税能力的潜在投资人，希望获得政策优惠又不希望扩大原有的经营规模。对此，通过融资租赁安排，可以有效克服上述缺陷。例如，没有足够纳税能力的企业将自己直接投资改为利用租赁投资，以承租人身份通过出租人降低租金的方式分享投资税收抵免政策优惠，而潜在投资者则可以参与杠杆租赁方式，变为现实投资者。

利用融资租赁引进外资、平衡国际贸易。与其他吸引外资方式不同，利用租赁引进国外先进技术装备具有更大的主动性，租赁方式对我国合理、有效利用外资的作用不可忽视。此外，我国也可借鉴国际先例，利用租赁方式平衡国际贸易。例如，日本在美日贸易摩擦严重时期，利用武士租赁，即通过租赁公司在美采购大批飞机（属于进口）再出租给美国航空公司的方式，来缓和日美之间贸易顺差急剧扩张引发的贸易纠纷。

（二）国际融资租赁业发展概况

1. 现代融资租赁业的产生背景

第二次世界大战后，全球兴起了第三次科技革命，发达资本主义国家原有工业部门的大批设备被逐渐淘汰。同时，以资本和技术密集型为特点的耗资巨大的新型工业部门大批涌现，这些国家的固定资产投资规模急速扩张，设备更新速度空前加快，造成企业在急需大量资金购置设备的同时，还要承担因新技术运用而造成的设备价值快速贬值的风险。在这一背景下，为了解决企业面临的上述两难境地，以融资为核心功能的现代租赁业应运而生。

1952 年，美国成立了第一家融资租赁公司，揭开了现代租赁业的发展序幕。经过半个多世纪的发展，融资租赁成为仅次于银行信贷的第二大融资方式，且在国际金融市场中的地位越发重要。

2. 融资租赁的发展阶段

根据美国著名租赁学家苏迪尔·阿曼波的五阶段论，融资租赁从诞生至今的六十多年间，经历了一个从低级向高级不断发展的过程，创新产品不断涌现。这一发展过程大致可分为五个阶段：

（1）简单融资租赁，即融资租赁产生阶段。由于融资租赁业的出现，使传统租赁与金融产业结合，金融产品的属性也发生了显著变化，即由单纯的以货币为交易载体的属性变为不仅具有以货币为交易载体，还具有以实物为交易载体的属性，从而为融资租赁区别于原有金融产品奠定了基础。

（2）灵活变通的融资租赁发展阶段。随着融资租赁业的竞争深化，为满足承租人对现金流量的需要，一些灵活的、创造性的租赁结构随之产生，如杠杆租赁、转租赁等。同时出现了租赁残值选择权，使融资租赁交易与传统的贷款方式更不相同。该阶段也是融资租赁发展最迅速，租赁渗透率提升最快的阶段。

（3）经营性租赁阶段。一国租赁市场进入这一阶段，主要有以下三个原因：一是融资租赁市场已经发展到一定程度，出租人竞争加剧，迫使出租人通过开展承担更大风险的经营性租赁来提高竞争力；二是租赁会计准则的颁布，使经营性租赁相对融资租赁具有改善承租人财务结构的优势；三是正在形成或已经建立的二手货市场，能够满足出租人管理租赁资产残值风险的需要。经营性租赁的最基本特征是非全额清偿性，并由此而派生出租期期末租赁资产所有权处置方式的多样性，包括退租以及按公平市价的留购和续租。此外，出租人的盈利点也从单一的租赁利息收益转变为基本租期内的利息收益加上租期结束时处置租赁资产残值时所可能的资产溢价或收益，以及如果为承租人提供全方位服务的服务收益等。

（4）融资租赁与金融创新相结合的创新阶段。此阶段的创新主要是已有融资租赁形式与金融创新有机结合，如专门投资于租赁交易的投资基金、与项目融资相结合的项目租赁、与债权证券化相结合的租赁证券化以及与风险投资相结合的风险租赁等。该阶段的主要特点是出租人通过寻求更低成本的资金来源，以及提高租赁资产的流动性等方式，进一步提升出租人的竞争力，同时因为交易的规范化和通用化，租赁在经济领域的渗透率迅速增加，租赁公司之间的竞争更加剧烈。

（5）融资租赁市场成熟阶段。租赁成熟期的一个基本标志是租赁渗透率保持一定比例，租赁市场趋于饱和。此时，租赁产品几乎变成了商品，租赁产品之间的差异变得很小。出租人开始通过加快办理租赁业务手续和提供资金融通的速度、提高对客户服务的水平、加强内部管理以及减少费用来增加收入等手段保持盈利。出租人之间的兼并和收购成为租赁业进入成熟期后的自然现象。

可以看出，发展阶段的分类与一国金融深化和资本市场的发展相关联。上述五个阶段只是通常意义上融资租赁业务发展的阶段（以美国市场为蓝本），而对融资租赁行业而言，只要市场发展到一定程度，相关法律、税收、会计准则和监管条件具备，则完全有可能实现跨越式发展，如我国融资租赁行业总体处在灵活变通的融资租赁发展阶段，但由于充分借鉴了发达市场国家的相关经验，具备了一定的后发优势，部分机构已经步入了经营性租赁阶段，甚至已经开始探索与金融创新相结合的创新模式。

3. 国际融资租赁业现状

从全球融资租赁业市场规模来看，一方面，2011 年全球设备租赁年交易额已超过 7200 亿美元①，通过融资租赁方式进行融资已被越来越多企业所接受，在经济发达国家，采用融资租赁进行投资的比例已近 1/3。从融资租赁的市场渗透率来看，发达国家大约在 15% ~ 30%，体现了融资租赁方式在发达国家国民经济中的重要地位。另一方面，融资租赁市场的全球分布极不均衡，多年来，全球份额中位居前三的一直是美国、日本、德国，北美洲、欧洲和亚太地区的租赁市场占全球份额的 90% 以上，其中北美洲就占到 40% 左右。近年来，融资租赁在发展中国家也得到了长足发展，比如巴西、印度尼西亚等国家，近年来融资租赁呈现迅速发展的趋势，我国也逐渐成为融资租赁业的后起之秀。"2010 年，由于中国的出色表现，全球租赁市场出现了反弹"②，当年中国的融资租赁交易额达到 637.2 亿美元，比 2009 年增加了 212.4 亿美元，增长量名列世界第一。

表 1 - 1　　　　　　　发达国家融资租赁渗透率比较　　　　　单位：%

国家＼年份	1992	1993	1994	1995	1996	1997	1998	1999	2000	2001	2002	2003	2004	2005	2006	2007	2008	2009	2010	2011
美国	32.3	29.4	28.7	28.1	30.9	30.9	30.9	30.0	31.7	31.0	31.1	31.1	29.9	26.9	27.7	25.0	16.4	17.1	17.1	21.0
日本	7.5	8.1	8.9	9.4	9.5	8.9	9.2	9.5	9.1	9.2	9.3	8.7	8.7	9.3	9.3	7.8	7.2	7.0	5.3	6.8
德国	10.4	11.1	10.9	11.5	13.3	13.6	14.7	15.1	14.8	13.5	9.8	21.7	15.7	18.6	20.6	15.5	16.2	13.9	14.3	14.7
韩国	20.0	23.0	26.2	30.0	26.5	28.3	13.1	2.8	2.4	1.6	3.9	4.4	5.6	7.7	9.4	N/A	10.5	4.4	4.8	8.7
英国	18.5	19.0	15.8	17.9	24.0	19.2	15.0	15.9	13.8	14.4	15.3	14.2	9.4	14.5	12.7	11.6	20.5	17.6	18.5	19.8
法国	14.6	13.1	13.0	15.2	15.2	12.4	17.0	15.7	9.2	12.9	15.4	9.0	11.7	11.0	12.0	12.2		3.1	10.5	11.1
意大利	11.5	10.8	13.1	16.8	16.8	10.9	12.3	12.4	12.3	10.4	8.6	7.6	11.4	15.1	15.2	11.4	16.9	10.0	13.1	12.3
巴西	8.0	10.0	20.0	20.0	18.1	20.7	20.7	12.5	11.4	7.5	3.6	3.8	7.7	13.5	16.9	19.0	23.8	N/A	N/A	N/A
加拿大	11.0	12.8	14.0	15.9	16.1	15.7	22.0	22.0	22.5	22.0	22.0	23.9	23.9	23.0	22.0			14.0	15.1	20.8
澳大利亚	20.3	22.1	21.8	22.3	20.0	20.0	25.0	25.4	20.0	20.0	20.0	20.0	20.0	20.0	18.0	14.2	10.0	10.0	12.0	27.5
瑞典	26.3	20.0	20.0	27.0	28.0	20.0	20.0	17.5	12.9	9.2	13.0	11.6	12.7	11.8	11.8	14.3	19.4	17.5	19.2	18.2

资料来源：WHITE CLARK GLOBAL LEASING REPORT 2013。

---

①　WHITE CLARKE GLOBAL LEASING REPORT 2013。
②　WHITE CLARKE GLOBAL LEASING REPORT 2011。

表1－2　　　各国融资租赁年交易额占GDP比重——GDP渗透率　　单位：%

排名	国家和地区	2011年	排名	国家和地区	2010年	排名	国家和地区	2009年
1	爱沙尼亚	5.13	1	爱沙尼亚	3.23	1	爱沙尼亚	2.95
2	塞浦路斯	4.33	2	斯洛文尼亚	2.28	2	保加利亚	2.59
3	拉脱维亚	2.89	3	葡萄牙	2.18	3	拉脱维亚	2.02
4	芬兰	2.48	4	保加利亚	2.17	4	斯洛文尼亚	2.00
5	丹麦	2.46	5	瑞典	2.05	5	塞尔维亚和黑山	1.98
6	哥伦比亚	2.45	6	匈牙利	1.99	6	匈牙利	1.79
7	秘鲁	2.24	7	丹麦	1.94	7	罗马尼亚	1.77
8	斯洛文尼亚	2.24	8	秘鲁	1.68	8	波多黎各	1.74
9	瑞士	2.48	9	摩洛哥	1.67	9	捷克	1.73
10	捷克	2.16	10	奥地利	1.62	10	巴西	1.66
11	英国	2.15	11	德国	1.62	11	斯洛伐克	1.66
12	德国	2.04	12	波兰	1.59	12	丹麦	1.63
13	奥地利	2.04	13	智利	1.53	13	波兰	1.58
14	波兰	1.98	14	巴西	1.47	14	哥伦比亚	1.48
15	瑞典	1.94	15	挪威	1.41	15	葡萄牙	1.42
16	智利	1.89	16	拉脱维亚	1.39	16	瑞士	1.39
17	波多黎各	1.84	17	斯洛伐克	1.33	17	瑞典	1.37
18	挪威	1.80	18	捷克	1.32	18	奥地利	1.31
19	美国	1.77	19	意大利	1.26	19	德国	1.26
20	保加利亚	1.75	20	美国	1.25	20	摩洛哥	1.23
21	爱尔兰	1.64	21	法国	1.23	21	南非	1.20
22	斯洛伐克	1.62	22	芬兰	1.21	22	意大利	1.17
23	摩洛哥	1.61	23	比利时	1.16	23	挪威	1.14
24	南非	1.55	24	塞尔维亚和黑山	1.11	24	俄罗斯	1.14
25	台湾	1.42	25	瑞士	1.05	25	智利	1.09
26	葡萄牙	1.38	26	日本	1.04	26	法国	1.05
27	加拿大	1.37	27	罗马尼亚	1.03	27	日本	0.98
28	俄罗斯	1.36	28	加拿大	0.97	28	比利时	0.98
29	日本	1.29	29	南非	0.94	29	加拿大	0.97
30	法国	1.29	30	荷兰	0.92	30	尼日利亚	0.97

资料来源：WHITE CLARK GLOBAL LEASING REPORT 2013。

从全球融资租赁业总体发展而言，20 世纪 70 年代末至 80 年代初，全球的融资租赁业得到了高速发展，每年的增长速度为 30%，成为银行信贷之后的第二大融资方式。90 年代以来，行业一直处于良性上升通道之中，在 2008 年国际金融危机发生之前的五到六年中，全球融资租赁业始终维持在年均增速 9% 以上。2008 年发生的全球金融危机中止了融资租赁业快速发展的进程，全球融资租赁交易额降至 7328 亿美元，比上年下降 6.10%。2009 年，全球融资租赁业则经历了行业历史上最严重的衰退，交易额下降至 5573 亿美元，回落 24.95 个百分点，跌至 2003 年至 2004 年间水平。在经历了两年的衰退期后，融资租赁业凭借其对经济景气程度的高度敏感性和较经济先行的商业特点，在金融危机中迅速复苏，率先走出了颓势。至 2010 年，衰退速度超过 10% 的国家仅占 20%，负增长国家比例降至 33%，全球交易量实现了 10.7% 的增长，行业规模恢复到 6168 亿美元，整个行业呈现出复苏迹象。2011 年融资租赁业全球交易量实现了 17.44% 的增长，行业规模恢复到 7244 亿美元。

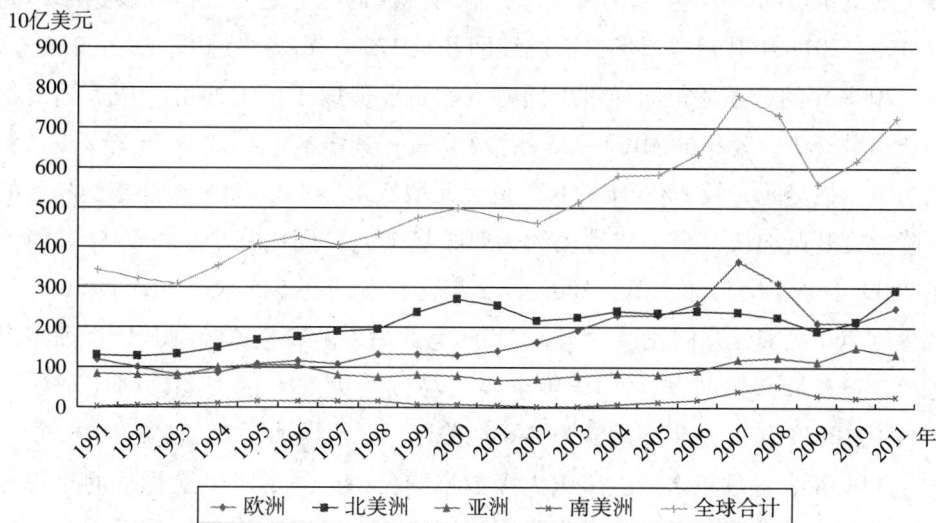

资料来源：WHITE CLARKE GLOBAL LEASING REPORT。

图 1-3　1991—2011 年全球租赁业交易量趋势图

二、中美两国融资租赁业的比较分析

（一）发展及现状比较

1. 美国融资租赁业的发展及现状

美国是现代租赁业的发源地，融资租赁业务创新和融资租赁业发展水平均领先于其他国家。第二次世界大战以后，随着新技术的开发利用，企业必须使用新的技术设备参与竞争。但此时，美国政府采取了紧缩的财政政策，使企业传统的融资方式难以满足融资需求，因此，融资租赁应运而生。

美国长期占据世界融资租赁业务量的首位，其融资租赁业的快速发展对美国经济发展也起到了巨大推动作用，以 2000 年的数据为例，美国融资租赁市场份额几乎占世界融资租赁市场份额的一半，市场渗透率达到 30%。即使在金融危机后的 2010 年，仍占全球行业总规模的三分之一，市场渗透率达到 17.1%。2011 年其租赁市场份额继续回升至 37%，市场渗透率回升至 21%。

2008 年的金融危机同样对美国融资租赁业造成了巨大冲击。从美国设备租赁和融资协会公布的 MLFI - 25 指数①来看，其样本企业 2007 年全年交易额约为 861 亿美元，较 2006 年的 822 亿美元增长 4.74%。2008 年全年交易额的下降速度开始加快，全年交易额约为 803 亿美元，同比减少了 6.74%。而到了 2009 年全年交易额大跌，2009 年全年交易额约为 545 亿美元，较 2008 年减少近 260 亿美元，同比减少了 32.13%。此后，随着全球经济开始逐渐走出危机，业务量开始回升，2010 年全年交易额约为 591 亿美元，同比增加了 8.44%。2011 年的全年交易额为 740 亿美元，同比增加了 25.21%。

2008 年金融危机之后，美国大多数租赁公司提高了对风险管理的重视程度。许多公司强调风险管理比业务增长更重要。对风险管理的重视主要体现在：一是加强信用分析的投入，二是提高定价使风险与收益更匹配，三是改

---

① MLFI - 25（月度租赁与金融 25 指数），是美国设备租赁和融资协会（Equipment Leasing and Finance Association，ELFA）公布的，用来反映美国融资租赁业发展状况。该指标为样本指标，包含 34 家机构。

亿美元

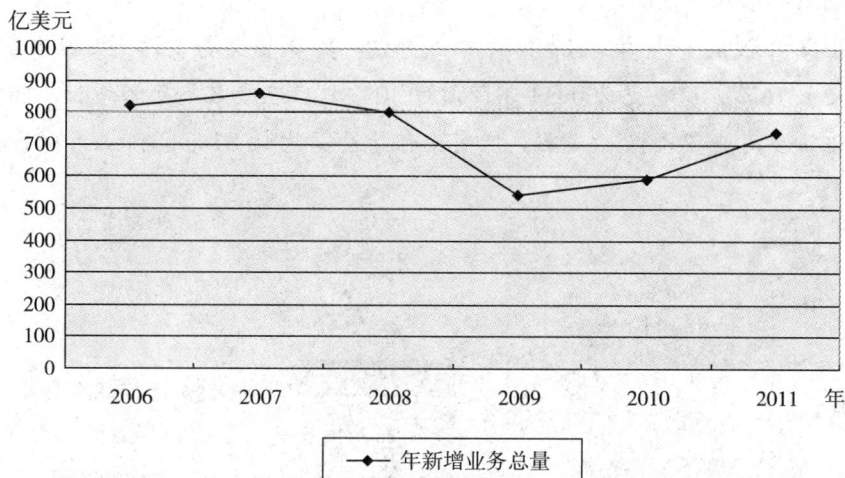

资料来源：美国租赁行业协会（ELFA）官网。

图2-1 美国设备租赁融资协会 MLFI-25 指数样本企业（34 家）年交易额

善催收流程，四是收缩业务条线，五是修订针对小客户的评分卡系统。

2008 年金融危机之后，美国政府也出台了一些促进设备投资的税收优惠政策。例如，奖励性折旧（Bonus Depreciation）和税收抵免（Tax Credit），这些政策在促进美国设备投资增长的同时也促进了租赁业务的增长。

2010 年以来，全球融资租赁行业明显复苏，行业规模大体恢复到危机前的高位，但其格局已发生了巨大变化。随着新兴市场国家的崛起，行业内传统国家在增长速度的竞争中日益乏力。然而，美国作为世界融资租赁业的开创者，其 2011 年的融资租赁全年交易额达到 2688 亿美元，仍以绝对优势位居各国之首。

专栏1

美国设备租赁融资协会（ELFA）2012 年设备融资活动调查报告（ELFA 2012 Survey of Equipment Finance Activity）

2011 年美国政府和商业机构设备和软件固定资产投资（不包括房地产）

超过 1.2 万亿美元，其中超过一半约 6280 亿美元的投资是由贷款、租赁和其他金融工具来融资的。

2011 年被调查机构（109 家样本租赁公司）租赁交易量达到 949 亿美元，同比增长 16%，这也是 2009 年下降超过 30% 之后连续第二年的增长。其中银行系租赁公司业务占据了一半，厂商系租赁公司占比 31%，独立系租赁公司占比 18%。

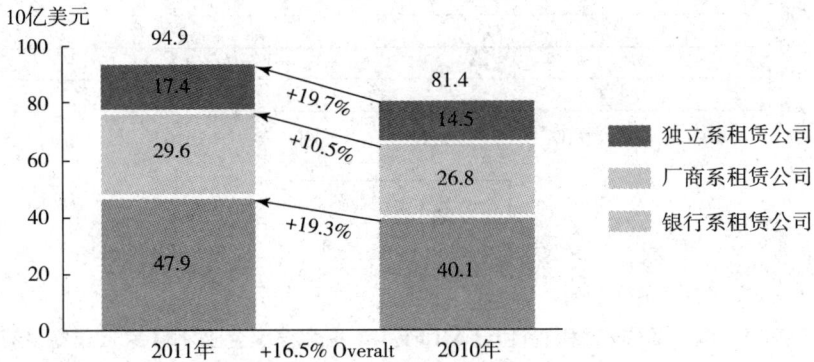

独立系、厂商系及银行系租赁公司业务占比

下图为按当年租赁交易量大小划分的不同租赁公司业务占比，可以看出当年租赁交易量大于 10 亿美元的租赁公司业务占比达 80%。

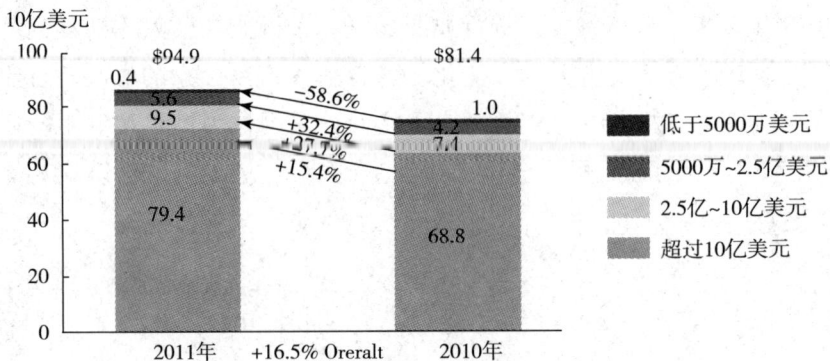

资料来源：ELFA。

按当年租赁交易量大小划分的不同租赁公司业务占比

下图是按照单笔交易金额大小而划分的业务占比情况，可以看出中等规模交易（25 万美元至 500 万美元）占比一半以上，也是增长最迅速的。

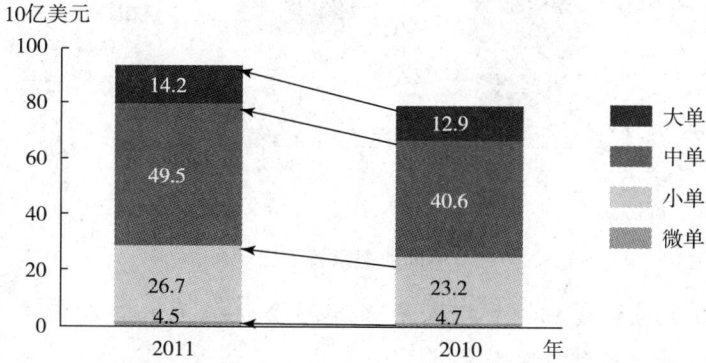

资料来源：ELFA。

按当年单笔租赁交易金额大小划分的业务占比

75.7% 的被调查机构表示 2011 年租赁交易量实现正增长，而 2010 年这一比例仅为 28.3%。

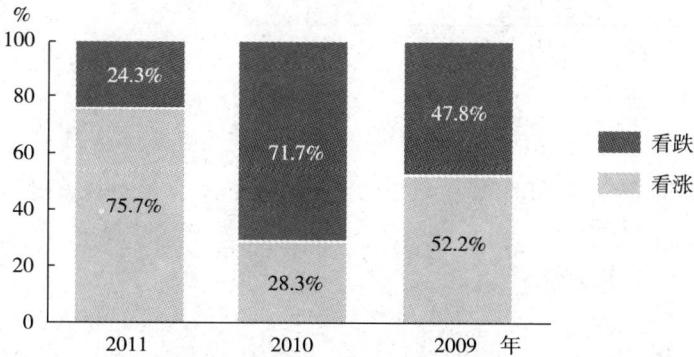

资料来源：ELFA。

被调查机构对业务增长的信心

下图为不同业务来源的占比情况，厂商和直接客户是最主要两个业务源头。

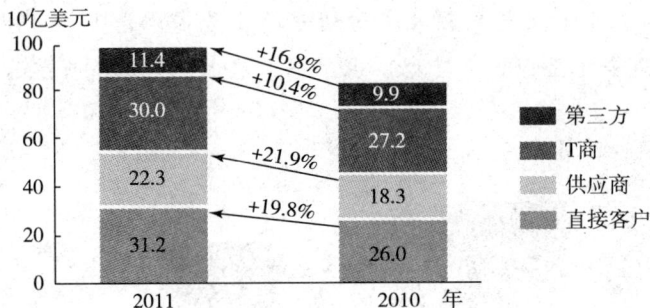

资料来源：ELFA。

不同业务来源占比

2011 年底被调查机构管理资产达到 2332 亿美元，与 2010 年基本持平，其中 80% 以上为融资租赁资产。

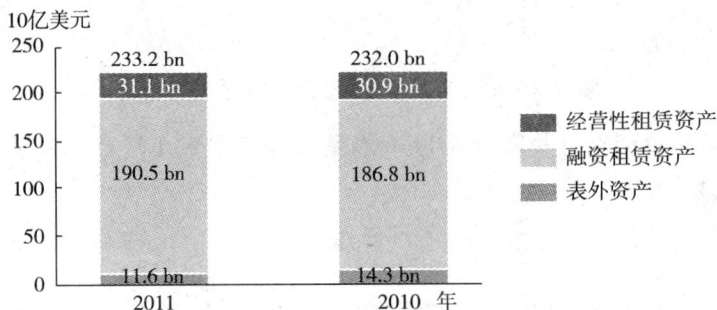

资料来源：ELFA。

被调查机构管理资产量

虽然 2011 年股本回报率相比 2010 年有所下降，但仍保持在 15.5% 的健康水平。

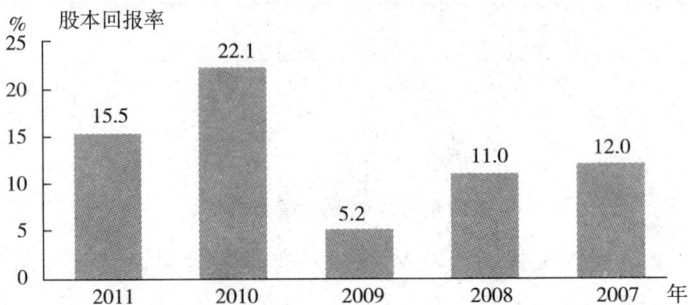

被调查机构股本回报率

2. 中国融资租赁业的发展及现状

（1）中国融资租赁行业的主要发展历程

我国融资租赁业的发展大致可以分为四个历程。

一是1981年至1987年迅速发展阶段。

20世纪80年代改革开放初期，为满足我国企业的技术改造、设备更新需求及解决资金缺乏的困境，由政府牵头试办了第一批融资租赁业务，并取得了良好的经济效益。1981年中国东方国际租赁公司和中国租赁公司的先后建立，标志着我国融资租赁业的创立。

这一阶段计划经济仍是中国经济的主导形式，租赁项目往往由政府部门决策，还租信用也由政府部门直接提供担保，因此以政府部门为主导、政府信用为基础的融资租赁行业迅速发展。截至1987年，通过外商投资的租赁公司累计引进外资24亿美元，陆续成立了24家租赁公司，基本上没有不良债权发生。

由于当时境外金融机构投资融资租赁公司属利用外资，因此设立的中外合资融资租赁公司都集中归属外经贸部审批与管理，后沿革至商务部管理。而当时由各部委审批管理的内资租赁公司也就是现在的金融租赁公司，于1986年转制为非银行金融机构，统一归人民银行管理。自此，中国的融资租赁管理体制分为两个板块。

当时，境外投资者的动机主要是抢滩占点，为其他战略目标做准备；境内投资者的动机主要是引进外资，支持国内企业的技术改造；国内银行的投资动机是扩大经营范围；外贸公司的投资动机则是寻找融资租赁交易中的贸易代理机会，扩大贸易范围。这些不同的动机导致了租赁业发展中的一些困难，如社会普遍对租赁业的认知程度低，对租赁业应发挥的功能普遍缺乏认识等。此阶段我国的金融租赁公司尚处于探索阶段，对融资租赁的功能还没有认识清楚，并且脱离主业，大多从事转贷业务，如发放房地产贷款。而真实的租赁资产比例偏低，为以后租赁业发展留下隐患。

二是1988年至1998年的问题暴露和政策调整阶段。

从1988年开始，中国经济体制改革的力度逐渐加大。1988年4月13日，《中华人民共和国全民所有制工业企业法》公布，同年8月1日开始施行。1988年6月20日，《最高人民法院公报》公布了《关于贯彻执行〈中华人民共和国民法通则〉若干问题的意见（试行）》的通知，其中第106条规定："国家机关不能担任保证人。"中国经济行为的主体由政府转向企业。由于体制转换，很快出现了租赁行业全行业性的租金拖欠。当时的24家外商投资租赁公司的欠租总额达3亿美元，已危及这些租赁公司的生存。在原外经贸部的倡导下，外商投资租赁公司于1988年9月成立了中外合资租赁公司联谊会，后加入中国外商投资企业协会，成为其租赁行业分会，即中国外商投资企业协会租赁业委员会。在租赁业委员会的努力下，解决租金拖欠的行为得到政府的支持，由中国银行提供2亿美元的特种贷款化外债为内债，逐步解决企业转制带来的欠租问题，该项工作直至1998年才基本完成。

在此阶段，新的融资租赁公司不断成立，存款余额和业务总量急剧扩张。到1996年底，行业总资产达到近140亿元人民币，但全部公司注册资本总计只有6亿多元人民币加上500万美元，资本充足率普遍较低。伴随着亚洲金融危机的爆发，融资租赁业前期发展阶段中所埋下的隐患在这一时期也全面爆发。外方投资者信心动摇，尤其是日方投资者纷纷撤资，大多数租赁公司的经营都因资金来源遇到困难或租金难于回收等问题而陷入困境。1997年，广东国际租赁公司、海南国际租赁公司和武汉国际租赁公司由于严重的资不抵债相继而倒闭。当时的租赁公司因经营环境不佳，大多不开展租赁业务，而是从事诸如高息揽存、买卖股票、炒房地产、直接投资产业等高风险业务，最终导致行业整体濒临破产。

三是1999年至2006年恢复调整阶段。

1999年6月，中国人民银行专会研讨了租赁的困境、发展和出路问题，并于此后开展了金融租赁公司的清理和重组工作。各金融租赁公司纷纷进行了市场化的重组：上海新世纪租赁公司由德隆重组，四川租赁由托普重组，甘肃租赁由东欧系重组，浙江租赁由明天系重组等。被破产清算的金融租赁公司有：中国华阳租赁公司、广东国际租赁公司、武汉国际租赁公司、海南国际租赁公司等。

在总结租赁行业发展教训后，我国对租赁行业的立法、会计准则和行业监管标准的制定进入了实质性工作阶段：在 1999 年 10 月出台的《合同法》中，中国首次将经营租赁和融资租赁纳入法律条款，为租赁业提供了基本的法律框架；中国人民银行在 2000 年 6 月颁布了《金融租赁公司管理办法》，这些措施强化了风险管理，旨在规范国内金融租赁行业；2001 年 1 月，财政部发布公告，明确了融资租赁、经营租赁和售回租赁的会计准则；同年 9 月，对外贸易经济合作部颁布并实施《外资租赁公司审核批准管理暂行条例》，该条例阐明了外资租赁公司的审批程序和经营范围。2005 年起，为应对加入世界贸易组织我国融资租赁行业全面开放可能带来的冲击，商务部、国家税务总局在 2004 年 12 月 22 日联合下发《关于从事融资租赁业务有关问题的通知》（商建发〔2004〕560 号文件），对我国从事融资租赁业务的监管政策作出几项重大改变：原国家经贸委、外经贸部有关租赁行业的管理职能和外商投资租赁公司管理职能划归商务部；商务部对内资租赁企业开展试点工作。商务部于 2005 年 1 月 21 日第一次部务会议审议通过《外商投资租赁业管理办法》，正式许可外商在我国成立独资租赁公司，去除了以前中外合资企业中合作管理的束缚，从而大大调动了外国资本进入中国租赁市场的积极性。截至 2006 年末，全国 80 家左右的融资租赁公司管理的租赁资产规模约为 80 亿元。

四是 2007 年至今的跨越式发展阶段。

2006 年底，随着中国银行业加入世贸组织过渡期的结束，原《金融租赁公司管理办法》已不能适应对外开放的需要。为此，中国银监会于 2007 年 1 月发布了修订后的《金融租赁公司管理办法》，允许银行业涉足融资租赁市场。银行系金融租赁公司发挥资金、渠道和品牌等优势，有力推动了整个融资租赁行业的发展。我国融资租赁业务年末余额由 2007 年末的 240 亿元跃升至 2011 年末的 9300 亿元，年平均增长速度达 149.5%。其中金融租赁公司的增长速度高达 197.2%，引领了整个融资租赁行业的发展。从机构数量来看，全国在册运营的各类融资租赁公司数量由 2007 年的 93 家，增加至 2011 年的 294 家，总体呈现出业务总量、机构数量双增的现象。

表 2 - 1   2007—2011 年中国融资租赁业年末余额   单位：亿元

年份	2007	2008	2009	2010	2011
金融租赁公司	90	420	1700	3500	3900
内资试点租赁公司	100	630	1300	2200	3200
外商投资租赁公司	50	500	700	1300	2200
行业业务总量	240	1550	3700	7000	9300

注：本表数据为扣除预付融资租赁设备款后的融资租赁余额，不包含经营租赁。

资料来源：中国银行业协会、中华人民共和国商务部、中国外商投资企业协会。

表 2 - 2   2007—2011 年中国融资租赁公司数量   单位：个

年份	2007	2008	2009	2010	2011
金融租赁公司	11	13	13	17	18
内资试点租赁公司	26	37	45	45	66
外商投资租赁公司	56	68	90	120	210
行业总数	93	118	148	182	294

资料来源：中国银行业协会、中华人民共和国商务部、中国外商投资企业协会。

（2）主要经验教训

纵观我国融资租赁行业的发展历程，主要有以下经验和教训：

第一，融资租赁行业能够天然地服务于企业技术改造和装备更新。即便处于改革开放初期，人们对融资租赁的认识尚停留在初级阶段。作为结合融资与融物的融资租赁业能够完全适应于国内企业技术改造的需求，通过引进外资购买国外先进设备并采取收取租金的方式来服务国内企业。在助力企业开展装备和技术革新的同时，自身也获得了长足发展。可以说，融资租赁业对我国改革开放初期企业走向市场化，尤其是对国内企业的装备和技术的改造起到了极其重要的促进作用。

第二，融资租赁行业不可能独立于实体经济而实现自我发展。实体经济的阶段性发展对我国融资租赁行业也造成阶段性影响，我国融资租赁行业所经历的 1988 年到 1998 年的行业整顿实际也是国内企业由计划经济走向市场经济的一个过程。正是由于起始于 1988 年全民所有制体制的转换（以《全民所有制工业企业法》公布为标志，中国经济行为主体由政府部门转向市场企业），融资租赁行业出现了全行业的租金拖欠，最终导致了为期 10 年的行业整顿以解决欠租问题。可以说，融资租赁行业经历的整顿实际是为实体经济转轨所付出的代价。这也表明融资租赁行业与实体经济始终紧密结合，其本身不可能独立于实体经济实现完全的自我发展。

第三，完善的制度和监管环境是融资租赁业健康发展的必要前提。我国现行的融资租赁法律框架、会计准则、监管规章大都初始形成于2000年前后（1999年生效的《合同法》、2001年发布的《租赁企业会计准则》、2000年发布的《金融租赁公司管理办法》、2001年发布的《外商投资租赁公司审批管理暂行办法》等），这些制度出台是对我国融资租赁行业发展历史经验教训的总结。也正是有了这些制度与监管环境的不断完善，才有了2004年以后行业的逐步恢复，并以新发布的《金融租赁公司管理办法》为标志，整个行业在2007年以后实现了新的跨越式发展。

第四，融资租赁公司不应成为关联方融资平台。2007年以前我国金融租赁公司的控股方都是实业企业，而当时实业企业控股金融机构的主要目的往往在于满足自身资金需求以实现迅速扩张。因此，这些金融租赁公司普遍的特点是并未将经营重点放在融资租赁上，而是通过大量关联交易为关联企业融资，其结果是金融租赁公司为控股方不科学的扩张模式付出代价。

第五，融资租赁公司内部风险管理薄弱以及外部监管手段不足将导致风险。足够的监管手段和有效的监管环境是金融租赁业健康发展的必要条件，一旦融资租赁公司罔顾内部风险管理，任由关联方恶意使用融资租赁公司的杠杆，而监管手段又不够充分时，易造成重大风险。

专栏2

德隆和三九集团控股金融租赁公司案例的监管教训

20世纪90年代末，金融租赁公司由于国有企业改制以及业务模式变化等历史原因，出现了资产质量恶化的情况，并逐渐产生大量到期不能支付的债务。由于当时金融租赁公司的股东背景大多为国有企业，自身经营也存在一定困难，因此无力通过增加资本金等方式来解决金融租赁公司的流动性危机，转而向社会募集新的投资人，通过扩充资本金来解决金融租赁公司支付风险成为当时一种普遍的方案。在此背景下，德隆集团通过关联方先后收购新疆金融租赁公司和新世纪金融租赁公司，并通过聘请职业经理人积极拓展租赁业务，建立了一定的市场声誉。随后德隆利用金融租赁公司的市场声誉和金融机构的身份，使其成为集团资金运作的主要平台之一，并以违规向关联企业发放贷款、违规从事证券投资、违规为关联企业担保等形式造成重大损失。据统计，截至2004年底，仅新世纪金融租赁公司为德隆集团关联企业累计提供融资10.09亿元，提供担保10.39亿元，这些融资和担保既没有履行必要的项目审核和风险控制程序，也没有对资金具体划拨加以监控，最终使金融租赁公司沦为集团的融资工具。

除了业界熟知的德隆系控股新疆金融租赁公司和新世纪金融租赁公司外，此类情况的另一个典型案例是三九集团控股深圳金融租赁公司。1999年末，三九集团控股深圳金融租赁公司后，于2000年7月启动"沃尔玛战略"计划，即通过深圳金融租赁公司融资100亿元（最初方案为13亿元，后因成本等原因最终上升到100亿元），在全国范围设立10000个三九药品连锁店，并计划最终将这些连锁药店运作上市，拟通过股市至少融资300亿元。但在2004年，最终由于市场调控、经营管理不善等多方面原因，集团整体资金链断裂，三九集团遭到全国商业银行的资产查封和冻结质押股权。历史经验表明，任何偏离融资租赁主业，单纯将金融租赁公司用作融资平台的做法，最终将导致风险的发生和融资租赁公司的经营失败。

以上案例对监管的教训在于，一是在市场准入环节没有全面剖析股东的信息，尤其是没有掌握股东的投资动机以确保金融机构的股东是既具备资金实力又具有合理投资预期的长期投资者，任何意图通过控制金融企业以满足自身迅速扩张资金需求的股东实际不适合成为金融机构的股东。二是当时的监管法律法规存在结构性缺陷，在发现这些租赁公司关联交易金额巨大、风险控制薄弱的情况下，由于对金融租赁关联交易相关法律和法规的缺失，监管部门始终缺乏强有力的监管依据和监管手段来对公司的不当行为加以有效限制。三是在监管部门发现公司的治理架构存在严重缺陷、公司对关联交易的风险管理和内部控制形同虚设的情况下，虽然监管部门曾通过现场检查发现了公司风险隐患，甚至采取行政处罚以及责成公司限期调整股权结构等手段来强化监管，但由于当时的法律并未赋予监管部门限制股东权利等手段来维持监管有效性,最终导致风险的全面发生。

3. 中美两国融资租赁业发展现状比较

如表2-3所示,截至2011年,与位居第一的美国相比,我国的融资租赁业务量仍不及前者的1/4,市场渗透率也远远落后于前者,仍然存在较大差距。美国融资租赁业虽然体量巨大,但其发展的速度已经趋缓,而我国融资租赁业发展的潜力巨大。

表2-3   2011年中美融资租赁业数据比较

国家	美国	中国
融资租赁年交易额	2688亿美元,全球第一	604亿美元,全球第二
约占全球融资租赁业务总量	37.11%	8.34%
市场渗透率	21%	4.97%
融资租赁年交易额占GDP的比重	1.77%	0.92%
融资租赁年交易额同比增长率	38.86%	42.85%

资料来源:WHITE CLARKE GLOBAL LEASING REPORT 2013。

(1) 中美两国融资租赁市场结构比较

一是从不同类型租赁公司业务占比来看,两国的银行系租赁公司均占据了租赁市场的一半份额,如图2-2所示。

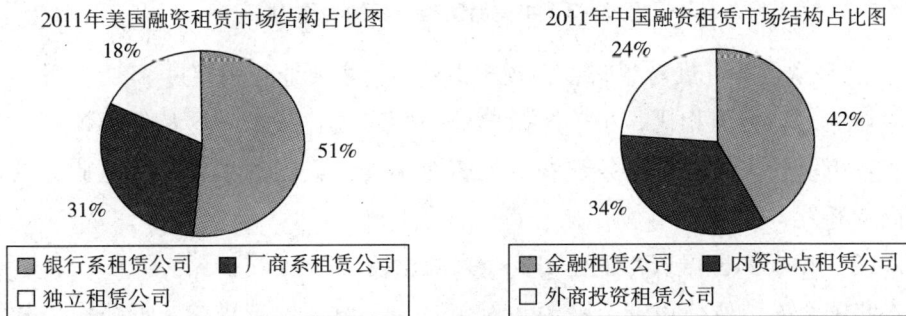

2011年美国融资租赁市场结构占比图

18%
51%
31%

银行系租赁公司　厂商系租赁公司
独立租赁公司

2011年中国融资租赁市场结构占比图

24%
42%
34%

金融租赁公司　内资试点租赁公司
外商投资租赁公司

资料来源:ELFA 2012 Survey of Equipment Finance Activity、中国银行业协会、中华人民共和国商务部、中国外商投资企业协会。

图2-2　中美两国不同类型租赁公司业务占比

二是从租赁标的物结构来看，中美两国租赁业务均主要为专用设备和交通运输设备，相对来说，中国这两部分占比更大。另外，美国电子产品及通信设备业务占比远远大于其在中国的占比，如图 2 - 3 所示（其中中国数据为中国银监会监管的金融租赁公司数据）。

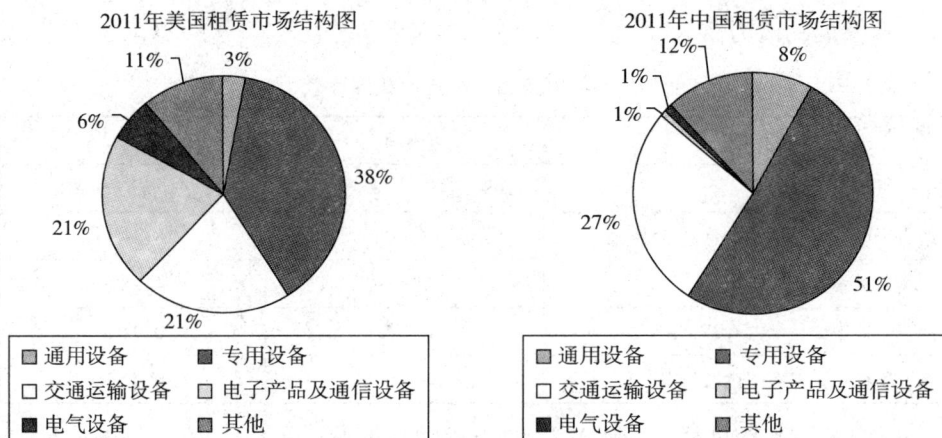

2011年美国租赁市场结构图

11% 3%
6%
21%
38%
21%

◻ 通用设备   ▪ 专用设备
◻ 交通运输设备   ▨ 电子产品及通信设备
▪ 电气设备   ▨ 其他

2011年中国租赁市场结构图

12% 8%
1%
1%
27%
51%

◻ 通用设备   ▪ 专用设备
◻ 交通运输设备   ▨ 电子产品及通信设备
▪ 电气设备   ▨ 其他

注：通用设备主要包括锅炉及原动机、金属加工设备、起重设备、装卸设备等，专用设备主要包括工程机械、纺织设备、印刷设备、医疗设备、矿采设备等。

资料来源：美国租赁行业协会（ELFA）官网、中国银行业监督管理委员会。

图 2 - 3   中美两国租赁标的物结构

三是从业务开展对象来看，我国租赁公司主要业务为超过 25 万美元的大中单业务，与美国相比，小单及微单业务相对占比较低。这从侧面说明，美国租赁市场较为成熟，业务开展对象相对丰富，我国的小单及微单业务的市场尚待开发，如图 2 - 4 所示。

（2）中美两国融资租赁公司资金来源比较

我国金融租赁公司资金来源相对单一，主要为银行借款，母公司借款及债券等长期稳定资金来源占比远低于美国，融资渠道狭窄的问题影响了我国融资租赁业的发展，如图 2 - 5 所示（其中中国数据为中国银监会监管的金融租赁公司数据）。

2011年美国融资租赁市场占比
（以单笔业务量划分）

2011年上海金融租赁行业市场占比
（以单笔业务量划分）

- 大单（超过500万美元）
- 中单（25万美元至500万美元）
- 小单（2.5万美元至25万美元）
- 微单（小于2.5万美元）

- 大单（超过500万美元）
- 中单（25万美元至500万美元）
- 小单（2.5万美元至25万美元）
- 微单（小于2.5万美元）

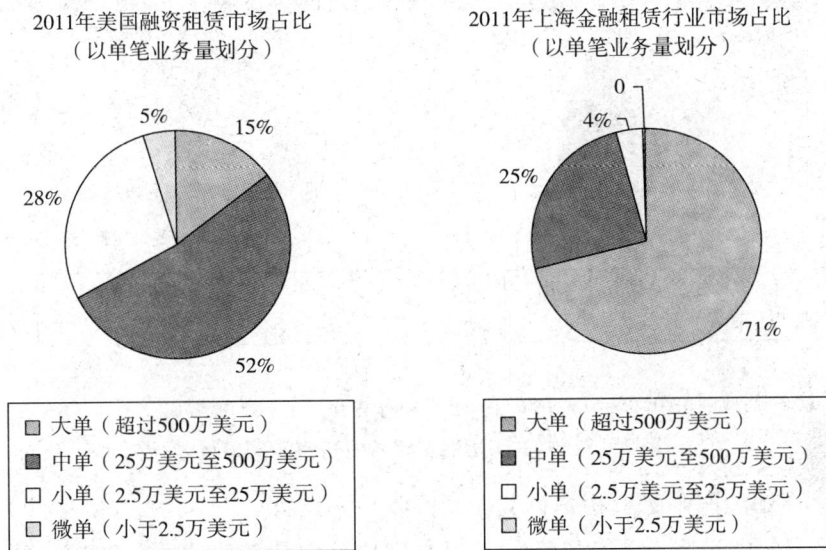

资料来源：ELFA 2012 Survey of Equipment Finance Activity、上海银监局。

图2-4 中美两国租赁业务开展对象结构

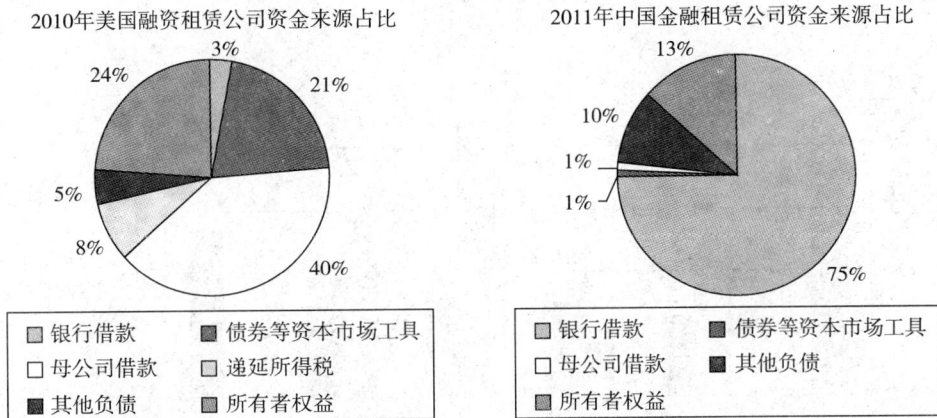

2010年美国融资租赁公司资金来源占比

2011年中国金融租赁公司资金来源占比

- 银行借款
- 债券等资本市场工具
- 母公司借款
- 递延所得税
- 其他负债
- 所有者权益

- 银行借款
- 债券等资本市场工具
- 母公司借款
- 其他负债
- 所有者权益

资料来源：美国设备金融与租赁协会2011行业调查、中国银行业监督管理委员会。

图2-5 中美两国融资租赁公司资金来源比较

（3）中美两国融资租赁业务来源渠道比较

我国租赁公司与美国相比，主要业务来源只有直客式和厂商渠道，且直客式占绝大部分，业务来源渠道不够多元化，如图2-6所示。

2011年美国新增融资租赁业务来源渠道

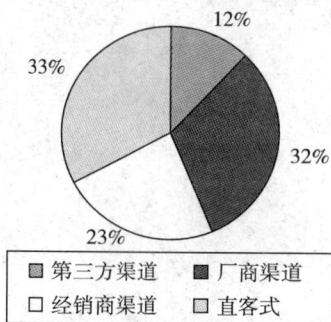

2011年上海金融租赁行业新增业务来源渠道

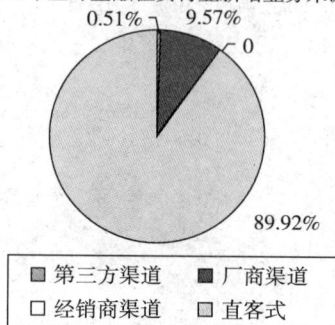

图例：
- 第三方渠道
- 厂商渠道
- 经销商渠道
- 直客式

资料来源：ELFA 2012 Survey of Equipment Finance Activity、上海银监局。

图2-6 中美两国融资租赁业务来源渠道比较

（4）中美两国融资租赁行业净资产收益率比较

美国融资租赁行业净资产收益率在危机后保持较高水平，2010年达到了22.1%。而中国融资租赁行业净资产收益率在2011年达到了10%，并在逐步增长，如图2-7所示（其中中国数据为中国银监会监管的金融租赁公司数据）。

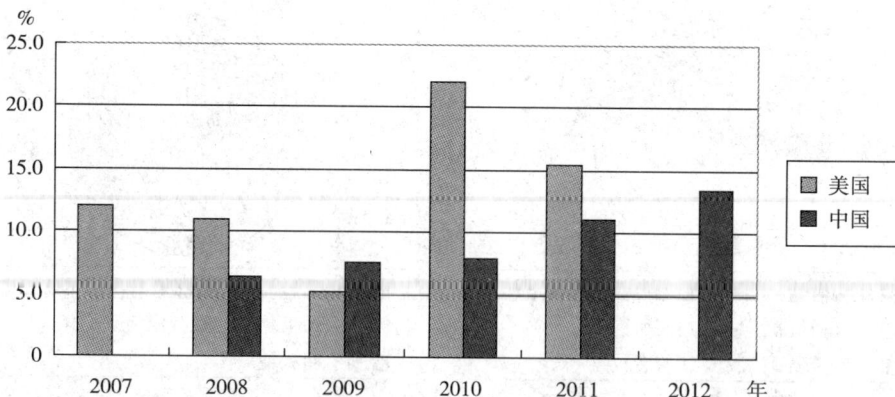

资料来源：ELFA 2012 Survey of Equipment Finance Activity、中国银行业监督管理委员会。

图2-7 中美两国融资租赁行业净资产收益率比较

（5）中美两国融资租赁业主要风险比较

美国融资租赁业主要面临宏观经济波动带来的行业风险。特别是宏观经济下行期间，融资租赁公司面临银行和承租人的双层冲击：一方面，当市场资金短缺时，银行流动性存在压力，对融资租赁公司的资金支持减少，使融资租赁公司资金来源枯竭；另一方面，融资租赁所服务的承租人的违约率也大幅上升，使得融资租赁公司的资金回收难度增大。两者的共同作用将造成融资租赁公司系统的流动性危机。

而我国融资租赁业，除面临宏观经济波动带来的系统性风险以外，还因为管理上的差距存在以下风险隐患：

首先，全行业的流动性风险隐患不容忽视。由于融资租赁提供中长期信用，而我国的融资租赁公司的资金来源以短期资金为主，因此短融长用是融资租赁行业普遍存在的情况。对于金融租赁公司而言，即便依托于母行信用获取了一定数量的同业授信，并通过同业拆借市场来缓解自身短期流动性压力，但资产负债的长短期错配现象严重，长期流动性风险压力仍然存在。

其次，行业对融资租赁风险管理的认识不足。传统重担保、轻现金流管理的经营理念仍根深蒂固，尤其是国内的融资租赁公司往往更注重租赁物所有权的控制，而忽视交易对手未来现金流的全面分析，容易造成融资租赁风险后置。在经济上行周期，上述风险管理方法由于实体经济普遍向好可能并不体现劣势，但是在经济下行周期则可能带来行业的系统性风险。

再次，行业集中度过高。例如2007年集中开展船舶融资租赁，目前各金融租赁公司又集中从事飞机融资租赁等。从发达国家的融资租赁公司来看，的确有专注于某些行业的特征，但那是在真正积累市场经验的基础上，掌握了租赁物控制、风险定价、租赁物残值管理等有效风险控制手段，且具备了融资租赁核心资产管理能力后的"专注"。因此，我国的融资租赁公司也应当借鉴其发展经验，体现自身专业能力。

最后，融资租赁行业的考核激励机制与租赁项目风险长期化特征不匹配。目前融资租赁公司的考核激励重整体规模增长和重租金收益高低的现象普遍存在，不符合风险的中长期特征，导致公司业务开展注重短期规模和效益，不注重长期风险管理。尤其是银行系金融租赁公司的激励考核制度的建立还普遍参照母行相关制度，并没有按照金融租赁公司自身风险特征以及按风险与激励相匹配的原则，将员工尤其是高级管理人员的绩效考核、奖金发放与融资租赁项目的短、中、长期风险挂钩，真正使激励政策符合公司长期稳健发展的经营目标。

（二）法律环境的比较

1. 美国的主要立法模式

在法律环境方面，各国在融资租赁业发展初期均注重融资租赁法律制度的构建。但由于法律传统和既有制度的差异，各国采取的立法模式不尽相同，主要有以下两种：

第一，非专门立法模式。采取这种立法模式的国家通常没有融资租赁基本法（或专门的融资租赁法），而由各个法律部门综合调整融资租赁。美国、英国、德国、日本等融资租赁交易较为发达的国家均采取此种模式。在美国，融资租赁交易的司法关系由《美国统一商法典》调整，该法对租赁交易的范围、租赁合同的履行、违约及其救济等作了全面规定；租赁的税法关系则主要由《投资税负减免法》、《经济复兴税法》调整；会计制度则使用美国会计准则委员会制定的会计标准。与此同时，其他部门及法院的法规解释和判例对金融租赁业也颇具影响。例如，美国货币监理署（OCC）对银行进入金融租赁业的规定（该规定的具体内容将在后文"美国的监管模式"中详细说明）一度推动了金融租赁市场的繁荣[①]。

第二，专门立法模式。采取这种立法模式的国家通常有专门的融资租赁法或租赁业法，其中对融资租赁的范围、当事人的权利和义务、租赁公司的资本金、经营范围及经营方式等内容作出详尽规定，并以该法为中心，辅之以其他特别规定。法国、韩国为代表的融资租赁新兴国家一般采取这种立法模式，此外还包括巴西、新加坡、菲律宾、巴基斯坦、俄罗斯、埃及、哈萨克斯坦等。在这些专门立法中，有的侧重于调整融资租赁的私法关系，如法国；有的侧重于租赁公司的监管，如韩国；也有的两者兼有，如俄罗斯。可见，大凡融资租赁新兴国家大多制定了专门的融资租赁法。

2. 中国融资租赁立法现状

为了规范融资租赁交易及相关的法律关系，我国先后出台了一系列规范

---

① 李鲁阳. 融资租赁若干问题研究和借鉴［M］. 北京：当代中国出版社，2007：61。

性文件，主要包括《合同法》、《金融租赁公司管理办法》、《外商投资租赁业管理办法》等。但是，我国没有专门的融资租赁法，现有的融资租赁规范又不够系统和完整，难以有效地规范和监管融资租赁交易。

专栏3

中国融资租赁立法与法律适用的三个阶段

（1）适用一般性相关法律规则阶段，即从20世纪80年代初引进融资租赁到1995年。此阶段，我国不存在直接适用于融资租赁的法律规则，在实践中，为了解决融资租赁纠纷，法院一般使用现存的相关法律，包括《民法通则》、《涉外经济合同法》和《经济合同法》等。

（2）适用专门的司法解释及特殊领域融资租赁立法阶段。进入20世纪90年代中期，随着融资租赁在中国的发展，相关领域的从业人员开始寻求专门的法律保护。最早寻求专门立法的是我国融资租赁最为发达的领域，即飞机租赁。1995年10月30日通过的《中华人民共和国民用航空法》中就专设章节对民用航空器的租赁问题加以规定。《中华人民共和国民用航空法》第三章"民用航空器权利"中的第四节专门设置为"民用航空器租赁"，该节第二十六条至第三十三条，专门对民用航空器租赁合同的分类，民用航空器的融资租赁定义，出租人的权利义务等作出规定，诸如对民用航空器的所有权，不得干扰承租人的平静占有；承租人的权利义务，诸如对民用航空器的占有、使用、收益权，转租权，保管义务，租赁期满的返还义务，对民用航空器的融资租赁和租赁期限为六个月以上的其他租赁，承租人应当就其对民用航空器的占有权向国务院民用航空主管部门办理登记；未经登记的，不得对抗第三人等规定。

1996年5月27日，最高人民法院为了指导人民法院审理有关融资租赁纠纷，发布了《关于审理融资租赁合同纠纷案件若干问题的规定》，对融资租赁合同纠纷案件的实体问题和程序问题均作了进一步规定。例如，程序问题包括融资租赁合同纠纷案件的当事人除了出租人和承租人外，是否需要包含供货人；融资租赁合同纠纷案件的管辖法院采取当事人意思自治原则和最密切联系原则相结合等。实体问题包括明确了融资租赁合同无效的四种法定情形，以及融资租赁合同被确定无效后，采用过错责任原则区分情形分别进行处理；承租人未经出租人同意处分租赁物的，该处分行为无效，出租人有权取回租赁物，出租人和第三人均有权要求承租人赔偿损失等。

（3）专门性法律规范阶段。1999年，九届全国人大通过了《中华人民共和国合同法》，该法第十四章专门规定了融资租赁合同的相关内容，标志着我国融资租赁立法进入了专门性法律规范阶段。该法广泛吸收了《国际融资租赁公约》及他国先进做法，总结了前述司法解释施行以来的经验，揭示了融资租赁的本质特征。

由于《合同法》调整范围的限制，对融资租赁交易中的租赁物所有权关系未作规定，而后的《物权法》对此也未作规定。此外，一些至关重要的法律关系因存在争议而被搁置，如租赁物毁损灭失的风险负担、转租和回租中的权利义务关系等。为了应对上述法律空白，融资租赁公司在实际操作中一般通过融资租赁合同约定的形式，明确约定租赁物的所有权属于出租人，即使正常还租时承租人侵犯租赁物的行为也属于根本违约，在承租人根本违约时出租人有权提前终止合同并同时行使物权取回权和债权的加速到期。

除《民用航空法》、《合同法》及最高院的相关司法解释外，与融资租赁相关的专门性规范较少，以部门规章、通知为主，如《企业会计准则——租赁》、银监会的《金融租赁公司管理办法》、商务部的《外商投资租赁业管理办法》和《国家税务总局关于融资租赁业务征收流转税问题的通知》等。

2003年，十届全国人大一次会议将融资租赁立法列入计划，并成立了《融资租赁法草案》起草小组，经过三年多的起草工作，经过三次征求意见的《融资租赁法（草案）》基本完成。2007年十届全国人大五次会议上，有代表委员提出关于融资租赁的议案，全国人大财经委也以财经委文件方式要求对融资租赁法草案进行审议。但是，由于在立法的必要性、由谁监管融资租赁和是否需要明确相关税收政策这三个焦点问题上始终无法达成一致，该草案最终没有被列入法律审议计划。

3. 现阶段中国融资租赁法律制度中的主要问题

中国没有专门的融资租赁法，其他相关的配套法律体系也不够健全，不利于保障融资租赁业务的健康开展。目前，最主要的问题集中在以下几个

方面:

(1) 租赁物的取回权问题

所谓租赁物取回权是与融资租赁的融物特性直接相关的。在融资租赁期间,租赁物的所有权由出租人享有,如承租人出现法定或约定的违约事由,出租人可以行使对租赁物的取回权;如承租人破产,租赁物不属于破产财产,出租人对租赁物享有取回权。

英美法系国家对融资租赁的调整主要以判例法为主,租赁物取回权属于返还之诉,具有类似于大陆法系国家物权的效力,受普通法的保护。美国对融资租赁的规定主要集中于《美国统一商法典》第2A编——租赁编中。根据《美国统一商法典》的规定,出现承租人不当拒收货物、撤销接受、不履行到期支付义务或者就部分或全部货物毁弃合同,租赁合同受到实质性损害的情况,对于出租人之价值的其他违约行为以及当事人约定的其他违约行为发生时,出租人可以行使取回权,这种租赁物取回权的方式包括自力取回和公力取回两种。

我国现行法中关于租赁物取回权的规定主要有《合同法》、《企业破产法》及相关司法解释。如《合同法》第二百四十二条规定:出租人享有租赁物的所有权,承租人破产的,租赁物不属于破产财产。1996年5月27日颁布的《最高人民法院关于审理融资租赁合同纠纷案件若干问题的规定》第十七条:在承租人破产时,出租人可以将租赁物收回,也可以申请受理破产案件的法院拍卖租赁物,将拍卖所得款用以清偿承租人所欠债务。《企业破产法》第三十八条规定:人民法院受理破产申请后,债务人占有的不属于债务人的财产,该财产的权利人可以通过管理人取回。

上述规定仅仅对出租人的租赁物所有权和取回权进行了原则性规定,并没有对实践中频繁出现的租赁物所有权和抵押权冲突时的解决机制,租赁物所有权和善意第三人①的冲突解决机制,出租人取回权的具体行使条件、程序

---

① 善意取得是指无权处分他人动产的占有人,在不法将动产转让给第三人以后,如果受让人在取得该动产时出于善意,就可以依法取得对该动产的所有权,受让人在取得动产的所有权以后,原所有人不得要求受让人返还财产,而只能请求转让人(占有人)赔偿损失。这里的第三人就是善意第三人。

和方法等进行规定，故实践中经常出现出租人所有权被侵害而得不到司法保护的情形。

一是承租人将租赁物抵押给第三人并办理抵押登记时，抵押权优先于租赁物所有权。具体而言，如果租赁物为普通动产（不是飞机、船舶等特殊动产），由于普通动产以"交付"为所有权的表现形式，而承租人实际占有租赁物，尽管融资租赁合同中约定租赁物所有权属于出租人，但第三人并不知晓。承租人将租赁物抵押给第三人并在工商部门办理了动产抵押登记，由于工商局对动产抵押仅仅进行形式审查，而且《担保法》赋予了抵押登记具有公示公信力的效果，可以对抗第三人，故此时抵押权优先于出租人的所有权。

二是承租人将租赁物转让给第三人时，依据《物权法》善意取得制度的规定，由善意第三人取得租赁物的物权，出租人成为一般债权人，仅对承租人享有债权的请求权。具体而言，依据《物权法》第一百零六条规定，无处分权人将不动产或者动产转让给受让人的，如果受让人满足三个条件，即受让人受让该不动产或者动产时是善意的；以合理的价格转让；转让的不动产或者动产依照法律规定应当登记的已经登记，不需要登记的已经交付给受让人。那么受让人依照前款规定可取得不动产或者动产的所有权，原所有权人仅有权向无处分权人请求赔偿损失。这意味着出租人丧失了租赁物所有权，等同于一般债权人的地位。

三是现行立法仅规定出租人享有取回权，但是没有出租人取回权的相关配套规定，诸如取回权的具体行使条件（应当仅在承租人根本违约等合同目的不能实现情况下方能行使取回权）、取回程序（向人民法院申请公力取回时应当提供的初步证据等）、取回方法（按照租赁物所有权的对世性①，所有权人应当能通过自力和公力等一切途径取回自己的所有物）、取回后的处置（通过任何交易场所进行快速处置，或是通过人民法院的拍卖、变卖方式）等，导致人民法院在执行取回权时没有具体的法律依据和法律程序，从而无法执行。

（2）融资租赁登记问题

融资租赁期间，出租人放弃所有权中与租赁物使用价值有关的一切功能，

---

① 所有权的对世性是指租赁物所有权人所享有的物权，对不特定的主体都具有广泛的约束性。

成为一种法律上的名义所有权。承租人尽管不享有法律效力上的所有权却占有租赁物，承租人完全可能利用其实际占有的有利地位，违背出租人的意愿而越权处分租赁物，处分的方式可以是将租赁物抵押给第三方，也可以直接将租赁物转让给第三人。对此，我国《物权法》中有关善意第三人取得的规定将给出租人带来巨大风险，承租人将无权处分的租赁物转让给善意第三人时会受到法律保护，导致出租人无法行使租赁物取回权。这种潜在风险极大地影响了融资租赁业务的发展。

国际经验表明，建立登记制度，为租赁关系提供登记和查询的平台能够有效维护交易安全。《美国统一商法典》规定，融资租赁分为真实的融资租赁和构成担保交易的租赁，如承租人对标的物所享有的权益限于占有和使用，其余所有其他权益均属于出租人，该交易界定为真实的融资租赁；如果承租人所享有的权益除了占有、使用标的物之外，还享有支付完对价（租金）后即享有该标的物完全的所有权，则该交易界定为担保交易。其中，构成担保交易的融资租赁应当在全国统一的动产担保登记系统进行登记。但在商业实践中，要区分两者非常困难，法律学者和法院实务之间存在较大差异，相关当事人为了避免交易性质上的模糊而造成风险，一般都会选择动产担保登记。而且，在实际操作中，美国各州的动产担保登记机构一般都在动产担保登记证明中提供"承租人/出租人"选项，方便当事人登记。

与美国采取统一的动产担保登记不同，我国根据动产性质的不同，采取了分别登记制。具体登记机关包括四个部门。

一是运输工具登记部门。《中华人民共和国民用航空器权利登记条例》规定，国务院民用航空主管部门主管民用航空器权利登记工作；《中华人民共和国船舶登记条例》规定，中华人民共和国港务监督机构是船舶登记主管机关；《中华人民共和国渔业船舶登记办法》规定，中华人民共和国渔政渔港监督管理局是渔业船舶登记的主管机关；《机动车登记规定》规定，机动车登记由公安机关交通管理部门负责实施。因此，运输工具登记是我国唯一有法律效力的动产租赁物所有权登记，为我国融资租赁公司从事运输工具租赁业务时的租赁物所有权提供了保障。

二是工商行政管理部门。我国《担保法》规定，以企业设备和其他动产抵押的，登记部门为财产所在地的工商行政管理部门。国家工商行政管理总局还专门制定了《动产抵押登记办法》予以规范动产抵押登记。然而，工商行政登记虽然有法律效力，但它只是抵押登记，并非租赁物所有权登记。从法律意义来说，工商行政登记并非融资租赁业所需要的租赁物所有权登记，也不接受融资租赁公司的租赁物所有权登记要求。在实务操作中，融资租赁公司只能退而求其次，出租人以抵押权人的身份先行向工商行政部门办理抵押登记，降低租赁物被承租人非法抵押登记给善意第三人可能造成的损失。由于出租人既是所有权人又是抵押权人，因此这种变通方式存在法律瑕疵。

此外，工商行政管理部门的登记体系较为落后，在登记查询成本、便捷程度等方面与国外存在较大差距。首先，我国的工商登记体系仍然按地区划分，没有做到全国联网；其次，工商登记手段落后，部分地区的工商部门仍然采取手工簿记的方式进行登记；最后，查询手续烦琐，工商登记查询通常要求查询人凭司法机关协助调查通知或律师函等凭证进行查询，查询成本较高。

三是公证部门。我国《担保法》规定，以上述财产之外的其他财产抵押，自愿办理登记的，为抵押人所在地的公证部门。与工商登记相同，公证部门虽然也有法律效力，但它也只是抵押登记，并非租赁物所有权登记。实际操作中，几乎没有融资租赁公司进行公证登记。

四是中国人民银行征信中心。借鉴应收账款质押登记系统建设的经验，征信中心于2009年7月上线运行了融资租赁登记公示系统。与前述三个登记管理部门不同，征信中心的融资租赁登记公示系统缺少法律支撑，尚不具备对抗善意第三人的效力。

我国设置众多登记机关的唯一优点就是各登记机关熟悉各自所登记标的物的性质，便于行政管理，但分别登记制易造成登记规则不统一、当事人查询困难、登记系统重复建设而增加整个登记系统的运作成本等。

专栏4

江平教授关于物权登记与租赁的观点

2011年8月，江平教授在"租赁业发展与制度建设座谈会"上介绍了我国《物权法》中与租赁行业具有密切关系的有关制度，针对融资租赁关系需要解决的法律问题提出了自己的意见和建议。

江平教授对《物权法》与融资租赁业具有密切关系的三项新建立的制度作了简单讲解：一是物权登记生效制度，该制度在《物权法》颁布前已经存在，但未明确物权自登记时生效。二是动产担保制度，该制度扩大了担保融资的渠道，但由此出现了诸如动产担保，动产抵押在哪里登记，如何登记等新的问题。三是善意占有制度，按照法律规定，只要符合三个条件就构成善意占有：第一，受让者是善意的；第二，以合理价格转让；第三，登记、转让的动产或不动产按照法律规定，应当登记的已经登记，不需要登记的已经交付给受让人。可见，善意取得的前提是存在第三方，而判定第三方是否善意，登记是关键，从这个意义上讲，如何解决租赁物登记的问题非常重要。

江平教授从法律角度出发，指出了融资租赁关系需要解决的四个主要法律问题。

一是《物权法》中缺乏统一物权登记的规定。江平教授介绍，物权共包括五种权利，分别是所有权、使用权、担保物权、信托物权和租赁物权。《物权法》中只规定了前三种物权的登记，而没有对信托物权和租赁物权的登记作出规定，在这种情况下，立法存在先天缺陷和不足。

二是《物权法》偏重不动产登记，在动产登记方面规定得比较简单。目前，我国动产的租赁物权登记尚处于法律空白阶段，没有法律规定动产的租赁物权在哪里登记，如何登记。从法律上，有两种解决办法，一种是在国家工商管理系统登记，另一种是按照《物权法》中有关应收账款质押登记制度的规定来办理融资租赁登记。在实践中，租赁合同一般涉及三方——出租人、承租人和银行（这里的银行是作为资金的提供方），在这种情况下，如何建立统一的动产租赁登记制度就成为一个问题。江平教授认为，人民银行征信中心经过两年研究建立的融资租赁登记公示系统，对融资租赁登记来说是比较合适的。登记制度应当统一，不能像过去一样，房屋是在一个地方登记，而土地在另外一个地方登记。

三是如何认定登记的效力。登记效力的认定，与登记的内容究竟是交易行为、合同还是租赁物有着密切的关系。江平认为，物权登记的不是债权而是物，是登记物上的权利，这一点应该明确。动产租赁物的登记需要有法律依据，在立法受阻的情况下，最高人民法院的司法解释难以独立创造一个登记制度，虽然目前一些地方规章或商业规则对此有所规定，但规定很难替代法律和法规，希望能够探讨出一个有效的解决办法，至少应该通过国务院法规的形式，或者在某个法规里面提到租赁物需要登记，这样就可以从根本上解决这个问题。

四是租赁权和抵押权的关系。江平教授介绍说，这一点在《物权法》一百九十条中已明确规定，简言之，就是租赁在前抵押在后的租赁权不受抵押权的影响，抵押在前租赁在后的租赁权要受抵押权的影响。对法院来说，最重要的是证据，如何证明抵押财产在签订抵押合同前已经出租，这涉及一个证据的问题。江平教授认为，可以通过在人民银行征信中心融资租赁系统登记，来证明财产已经出租，但是法律是否承认这个证据的效力，这是一个很关键的问题。如果证据具有法律效力，对于租赁业财产的保护将具有很大的作用。这个问题只要在最高人民法院司法解释里面明确规定，在人民银行征信中心作的租赁物登记具有证据效力就可以解决。

(3) 承租人特殊资质适用于出租人的问题

我国许多法律、法规及规章仍固守物的归属和利用只限于同一主体的思维，只注重物的所有权，对物的归属和利用分离不予认可，对融资租赁的发展造成了阻碍。例如：

第一，根据《物权法》第二十四条规定，机动车登记的性质为物权登记，登记内容应包括所有权登记等。而2008年10月1日起施行的《机动车登记规定》未明确机动车的所有权登记，仅规定了注册登记、变更登记、转移登记、抵押登记和注销登记五种类型。一些地方机动车登记部门只接受银行等作为抵押权人，对抵押给融资租赁公司则不予办理；有的机动车登记部门在办理融资租赁公司的机动车抵押时，要求先办理费用较高的机动车价值认证（该要求并无法律规定），否则不予办理。

第二，国家食品药品监督管理局于2005年6月发布的《关于融资租赁医疗器械监管问题的答复意见》中，将融资租赁公司开展的医疗器械融资租赁行为界定为"属经营医疗器械行为的范畴"，并要求融资租赁公司"办理

《医疗器械经营企业许可证》后方可从事经营活动"。

第三，民航总局关于引进飞机的报批环节中诸如航线、安全记录、飞行员配比等要求都是租赁公司无法满足的，因此融资租赁公司难以直接获得引进飞机的政府批文，也不可能享受航空公司进口飞机的优惠关税。有关进口飞机管理的最新规范是 1997 年国务院发布的《国务院办公厅关于加强进口民用飞机管理的通知》（国办发〔1997〕17 号文）。其中仅对航空公司进口飞机进行了规定，对于国内租赁公司从国外租赁公司购买承租人为国内航空公司的飞机是否需要获得相关批文，或直接从飞机制造商购买飞机是否需要获得相关批文等都缺乏明文规定。而目前国家发展改革委对于航空公司购买飞机时出具的批文中，也不会列示具体融资方式（包括融资租赁），故融资租赁公司通过保税区项目公司操作飞机租赁业务仍存在一定的合规风险。外汇局在具体操作上需要同意引进飞机的有关批文依据，否则项目无法对外付汇。

第四，为了鼓励三大央企航运集团——中国海运集团、中国远洋运输集团和中国外运长航集团支持"国轮国造"，财政部出台了两大优惠政策，一是中国船舶工业集团公司和中国船舶重工集团公司销售给三大集团的用以悬挂五星红旗的远洋运输船舶，可以视同出口，享受增值税退税政策，且该政策的适用范围具有普遍性和持续性；二是对三大集团采购"国轮"时可能产生的贷款利息，在超过一定利率水平的时候，对超出部分的利息进行财政补贴，该政策的执行方式是一事一议。但是，如果三大集团将船舶通过售后回租的形式将所有权转移给融资租赁公司，根据财政部的现有规定，存在"将原本只是给三大集团的优惠政策转移给了租赁公司"的审计认定风险，阻碍了该项业务的发展；同样，贴息政策仅适用于三大集团利用银行贷款采购"国轮"的情况，在租赁方式下也不适用。

总之，由于融资租赁业务中租赁物的所有权和使用权相分离没有得到认可，以及特殊资质的要求，租赁业务面临一系列法律障碍，因此融资租赁公司不得不寻求变通而导致交易成本的增加。

（三）监管模式的比较

1. 美国融资租赁业的监管模式

美国对融资租赁业采取的是在市场调控基础上的并表监管模式。

一是将厂商背景和独立背景的融资租赁公司视同普通工商企业，没有市场准入的行政审批和最低资本金的要求，主要依靠市场机制来规范融资租赁市场秩序，各个市场主体自觉按照市场规则开展租赁业务，并需要遵守有关市场经济的法律、法规。

二是对于银行背景的融资租赁公司则采取并表监管模式，由美国银行监管部门负责监督。自 1977 年起，监管部门允许银行从事动产租赁业务，因为其功能上等同于贷款。这种活动被《美国法典》第 12 章第 24 节第 7 条①作为银行业务的附带而被允许。1987 年的《银行公平竞争法》（*The Competitive Equality Banking Act*，CEBA）是第一部专门允许银行从事租赁的规章。CEBA 的第 108 节修改了《美国法典》第 12 章第 24 节第 7 条，增加了第 10 条，专门允许银行在某个租赁协议的基础上为了租赁融资交易而投资于实体动产。OCC 发布的于 1991 年生效的《美国联邦法规》第 12 章第 23 节②允许国家银行依据《美国法典》第 12 章第 24 节的第 7 条和第 10 条对动产进行租赁融资。根据上述规定，美国的银行要从事融资租赁业务有两种途径：一是直接作为银行的金融产品，在银行内部直接开展融资租赁业务，这种途径不需要任何业务准入，但直接纳入银行的整体业务接受监管；二是部分银行出于税负、独立性等方面的考虑，由银行作为股东，专门设立独立的融资租赁公司从事融资租赁业务，此类银行系融资租赁公司也比照普通工商企业管理，但仍需纳入股东银行并表监管。同时，要求残值比例高于 25% 的融资租赁业务不超过租赁业务并表总资产的 10%，主要是为了增强银行系融资租赁公司的行业竞争力，控制其残值风险暴露不至于过高。

美国之所以对融资租赁行业采取上述监管模式，首先是因为美国的市场机制相当成熟，健全完善的法律制度以及市场机制会自动约束融资租赁市场

---

① USC 为 United States Code 的缩写，即《美国法典》。《美国法典》是美国全部联邦法律的官方汇编和法典化，《美国法典》的 12 章为银行与银行业（Banks and Banking），第 24 节为协会的公司权力（Corporate Powers of Associations），其中的第 7 条和第 10 条，提到了允许银行开展租赁。

② CFR 为 Code of Federal Regulations 的缩写，即《美国联邦法规》。《美国联邦法规》是美国联邦政府执行机构和部门在"联邦公报"（Federal Register，FR）中发表与公布的一般性和永久性规则的集成，具有普遍适用性和法律效应。因此，CFR 的内容覆盖广泛。美国联邦法规的第 12 章为银行与银行业（Banks and Banking），第 23 节为租赁（Leasing）。

主体行为；其次，美国的资本市场活跃，直接融资比重较高，企业融资渠道多元化，因此，美国的融资租赁公司可以在发达资本市场通过各种证券以及债券等资本手段融通资金，而不完全依赖于以银行为主的金融系统；再次，在美国融资租赁发展速度迅猛、租赁业务创新不断推出的情况下，美国注重判例、轻法律成文的灵活法律体系更能适应融资租赁的快速变化；最后，银行监管当局通过并表监管有效监测银行集团各项重要业务活动（包括非银行业务）的风险，以应对银行业综合经营趋势以及跨境业务发展所带来的挑战。

虽然美国政府对融资租赁业干预很少，但第三方的市场评级机构对该行业具有较大影响。融资租赁行业是典型的资本密集型行业，融资租赁公司对资金有长期、大量需求，资本市场发债融资是美国融资租赁公司赖以生存的重要资金来源，而公司的融资能力和融资成本则取决于它的资信评级水平。因此，美国的融资租赁公司无一例外地、自觉地注重内部定价决策、资产选择、客户甄别和交易风险控制，以保持长期稳定的盈利水平并维持理想的资信评级水平，从而获得具有行业竞争力的低成本融资。

此外，美国的租赁行业协会（Equipment Leasing and Finance Association，ELFA）也对行业发展起到了重要作用，是前述模式的有益补充。ELFA 成立于 1961 年，是促进产业发展的论坛，引领产业发展的平台，也是行业信息和行业规则的主要源头。具体而言，ELFA 有以下几方面的工作[①]：

（1）维护与联邦政府的关系。ELFA 对联邦政府营销工作的目的是实现和维护设备金融交易法律和监管制度的确定性和透明性，包括税收、金融以及设备融资行业的基础商业规则。ELFA 的营销重点是联邦一级国会，行政部门的监管机构以及行业的利益相关者，他们具有直接影响行业竞争的能力。

（2）维护与州政府的关系。ELFA 在美国的 50 个州都积极监控和影响设备金融行业的相关立法和监管制度。该协会参与了各种各样的问题，如数据的安全性、宣传有关税务和行业保护的《统一商法典》等。

（3）积极参与法律事宜。ELFA 从事范围广泛的活动，以支持和促进行业的发展。该协会参与联邦和各州的司法裁决分析，提供建议，并准备和提交

---

① http：//www.elfaonline.org/About/.

简报以及代表协会的意见函。

（4）积极参与财务会计事宜。ELFA 跟踪所有行业有关的财务会计和财务报告问题，并积极参与美国和国际标准的制定。

（5）调研分析。ELFA 是设备金融领域市场数据、竞争分析和研究的主要来源，包括月度的租赁和金融指数、设备金融领域的年度调查报告以及设备金融领域的薪资调查。

（6）商业和专业发展。通过举办一系列的高品质学习和交流活动，将各行业的专业人士聚集在一起，讨论如何能够在充满挑战的经济环境中取得成功的最佳发展战略。ELFA 的论坛形式多种多样，为了满足会员的需求，包括面对面的峰会、在线研讨会以及行政级别的圆桌讨论等。

（7）国际活动。ELFA 与美国和国际金融及发展机构保持良好的合作关系，包括美国国务院、财政部、商务部、进出口银行、海外私人投资公司、世界银行和国际金融公司等。

2. 中国融资租赁业的监管模式

中国的融资租赁公司按照监管部门的不同可以分为三类，即中国银行业监督管理委员会监管的金融租赁公司，商务部监管的外商投资租赁公司和内资试点租赁公司。这三类公司虽然归在不同的监管部门之下，但其实质均为融资租赁公司，所从事的融资租赁业务也不存在明显差异。

由于没有统一权威的法律规定，因此社会对这一业务性质的认识存在着差异。如中国银监会认为融资租赁业务属金融业务范畴，国内主体如果想开展这一业务必须由中国银监会审批同意；而商务部则认为这一业务只是传统租赁业务的一种创新形式，由商务部审批就够了。因此出现了同一融资租赁业务分别由两个部门进行监管的状态，即监管金融租赁公司的中国银监会与监管外商投资租赁公司、内资试点租赁公司的商务部。银监会比照金融机构对金融租赁公司采取了严格的金融监管模式，商务部则对其下的融资租赁公司采取较为宽松的管理模式，这给融资租赁业的管理带来如下问题：

（1）监管标准不统一。相对而言，中国银监会对金融租赁公司各项监管指标的要求比较严格，而商务部对外商投资租赁公司、内资试点租赁公司的监管则较为宽松。

在准入要求方面，外商投资租赁公司的设立条件较为简单，仅需具备注册资本不低于 1000 万美元；采取有限责任公司形式的经营期限不超过 30 年；高级管理人员要拥有相应的专业资质和不少于三年的从业经验等三项条件即可①。而金融租赁公司的设立条件包括：具有符合规定的出资人；最低注册资本为 1 亿元人民币；具有符合规定的章程；具有符合规定任职资格条件的董事、高管和熟悉融资租赁业务的合格从业人员；具有完善的公司治理、内部控制、业务操作、风险防范等制度；具有合格的营业场所、安全防范措施和与业务有关的其他设施等②。

在监管要求方面，商务部主要要求外商投资租赁公司的风险资产不得超过净资产总额的 10 倍，并按年报送年度经营情况报告和经会计师事务所审计的财务报告。而中国银监会对金融租赁公司的业务监管要求包括：非现场和现场检查要求；对公司的风险控制要求；资本充足率不低于 8%、单一客户融资集中度不超过 30%、单一客户关联度不超过 30%、集团客户关联度不超过 50%、同业拆借比例不超过 100% 等监管要求；旬、月、季、年等频度的报告制度；外部审计要求；违反监管的处罚措施等。

（2）发展环境的差异。由于金融租赁公司属于金融机构，而商务部监管的融资租赁公司属于普通工商企业，因此两者在资金来源、业务规模管理方面存在差异：一是金融租赁公司可以通过同业拆借以及同业借款，以较低的成本获取资金，而商务部监管的融资租赁公司作为普通工商企业则没有较低成本的资金来源；二是金融租赁公司因为其金融机构的属性，其业务开展规模受到中国银监会和中国人民银行的调控约束，而商务部监管的融资租赁公司则不受人民银行信贷规模管控。

（3）缺乏统一的规划和规范。对内，整个行业的发展重点、发展方向、发展规模以及发展速度等缺乏统一的安排和规划；对外，融资租赁行业缺乏统一的行业规则、运作规范和风险防范要求。

（4）行业自律组织各自为政。目前，金融租赁公司、外商投资租赁公司和内资试点租赁公司都成立了各自的行业协会，行业内部缺少交流，也未建

---

① 《外商投资租赁业管理办法》中华人民共和国商务部令（2005 年第 5 号）。
② 《金融租赁公司管理办法》中国银行业监督管理委员会令（2007 年第 1 号）。

立统一的行业形象宣传、政策环境、全行业自律的工作体系。

（四）政府支持政策的比较

1. 美国融资租赁业的政府支持政策

美国作为现代融资租赁业的创始国，其政府的政策支持从来没有中断过。可以说没有政府的优惠扶持政策，美国的融资租赁业就不会快速发展。这些优惠扶持政策主要包括：

（1）税收政策

美国的加速折旧政策开始于第二次世界大战期间，1954 年及其后的一系列减税改革改变了税收的状况，当年的《税法》、1962 年的《固定资产管理法》、1971—1981 年实施的《加速折旧法案》以及 1981 年的《经济复兴税法》，均实行加速折旧制度。美国鼓励投资的财税政策主要是按双倍余额法加速折旧（纳税人在计算折旧时可以完全不考虑残值）。1962 年，肯尼迪政府为刺激美国经济的复苏，首次提出了投资税收抵免制度，通过增加资本设备投资来刺激经济活力并增加就业。这一制度规定：对于符合税法所规定类型的设备，在投资的当年可以按设备法定耐用年限申请抵扣所得税。1981 年，美国颁布了《经济复兴税法》，精简了有关租赁的规章制度，推行了加速成本回收制，允许企业对租赁设备采取加速折旧法。其主要规定如下：折旧年限低于 3 年的设备减税 2%，折旧年限 3～5 年的设备减税 6%，折旧年限 5 年以上的设备减税 10%。该法案放宽了"真实租赁"的认定标准，扩大了租赁优惠的范围，进一步促进了租赁行业的发展。

虽然有加速折旧和投资税收抵免的政策，但一些中小型企业由于没有足额利润用于抵扣而不能充分利用这一政策。由于美国税法和美国会计准则对资产所有人的认定标准不一致（美国税法认定的租赁资产的所有人，其资产的折旧和利息可以税前列支，符合条件的可以加速折旧），按照会计准则计入承租人会计报表的租赁资产，根据税法判断时资产所有人有可能是承租人，也有可能是出租人。同理，会计准则认定租赁资产计入出租人报表的，税法可以认定资产所有人是出租人，也可能为承租人。两种标准交叉导致租赁产品基本划分为四大类型（见表 2-4）。这时，出租人与承租人可以通过适当的结构设计或条款安排，由出租人提取折旧，并以降低租金的形式将获得的加速折旧好处转移给承租人。加速折旧和投资税收抵免的政策虽非为租赁专设，却促进了租赁发展，并且为中小企业解决了融资与税收困难。

表2-4　　　　　　　　　　租赁产品四大类型

承租人会计处理				
财务报表	融资性租赁	经营性租赁	非税融资性租赁	非税经营性租赁
在/不在资产负债表上	在	不在	在	不在
承租人所得税处理				
资产所有人	承租人	承租人	出租人	出租人
折旧和利息税前列支	是	是	否	否
租金在税前列支	否	否	是	是
税收回报好处	购买	购买	租金	租金

专栏5

出租人提取折旧并将加速折旧所获利益转移给承租人的案例分析

案例假设条件如下：

假设项目条件：
1. 设备额1亿美元，全额融资
2. 租赁利率6%
3. 按年等额本息收租
4. 租赁期5年
5. 折旧期限5年，残值率0，双倍加速折旧
6. 美国的企业所得税税率按34%计算，不考虑流转税

可以计算出该项目的每期租金如下：

单位：美元

期数	应计租金	应计本金	应计利息	尚余本金
0				100000000.00
1	23739640.04	17739640.04	6000000.00	82260359.96
2	23739640.04	18804018.45	4935621.60	63456341.51
3	23739640.04	19932259.55	3807380.49	43524081.96
4	23739640.04	21128195.13	2611444.92	22395886.83
5	23739640.04	22395886.83	1343753.21	0
合计	118698200.22	100000000.00	18698200.22	

假设出租人在未开展该项目之前的每年利润表情况如下：

单位：美元

营业收入	50000000
营业支出	30000000
利润总额	20000000
所得税	6800000
净利润	13200000

开展该项目之后出租人今后 5 年利润表情况如下，主要变化是营业收入中增加了该项目的利息收入：

单位：美元

	第1年	第2年	第3年	第4年	第5年
营业收入	56000000	54935622	53807380	52611445	51343753
营业支出	30000000	30000000	30000000	30000000	30000000
利润总额	26000000	24935622	23807380	22611445	21343753
所得税	8840000	8478111	8094509	7687891	7256876
净利润	17160000	16457510	15712871	14923554	14086877

假设承租人由于没有足额利润用于抵扣而不能充分利用加速折旧政策，出租人可以重新设计交易结构由出租人提取折旧，则出租人今后 5 年营业收入中要增加该项目的租金收入而不再确认利息收入，营业支出中要增加折旧，增加金额如下：

单位：美元

	第1年	第2年	第3年	第4年	第5年
租金收入	23739640	23739640	23739640	23739640	23739640
折旧	40000000	30000000	20000000	10000000	0

则出租人今后 5 年利润表情况如下：

单位：美元

	第1年	第2年	第3年	第4年	第5年
营业收入	73739640	73739640	73739640	73739640	73739640
营业支出	70000000	60000000	50000000	40000000	30000000
利润总额	3739640	13739640	23739640	33739640	43739640
所得税	1271478	4671478	8071478	11471478	14871478
净利润	2468162	9068162	15668162	22268162	28868162

可以发现，在出租人提取折旧并享受加速折旧优惠后其 5 年总计利润和

总计所得税变化为0，但时间分布发生了变化，即前三年由于加速折旧减少了利润和所得税，后两年增加了利润和所得税。这也意味着出租人在前三年减少现金流支出，而后两年增加现金流支出。

单位：美元

	第1年	第2年	第3年	第4年	第5年	总计
所得税差异	−7568522	−3806634	−23032	3783586	7614602	0

假设出租人把这种现金流结构的优惠全部返还承租人，即减少前三年租金增加后两年租金，新的租金安排如下：

单位：美元

期数	应计租金	应计本金	应计利息	尚余本金
0				100000000.00
1	16171117.66	10788710.95	5382406.70	89211289.05
2	19933006.31	15131291.91	4801714.40	74079997.13
3	23716608.29	19729321.56	3987286.73	54350675.57
4	27523226.39	24597851.98	2925374.41	29752823.59
5	31354241.57	29752823.59	1601417.97	0
合计	118698200.22	100000000.00	18698200.22	

根据新租金安排，我们可以计算出新的实际利率为5.38%。

从上述计算可以看出，通过出租人计提折旧，享受加速折旧政策优惠，可以改善其租赁期内现金流结构。出租人把这种现金流结构的优惠返还给承租人，可以降低承租人支付的租赁利率。

（2）保险政策

为支持本国租赁公司积极开展国际金融租赁业务，美国政府采取了如下措施：一是对在国外特别是风险较大的发展中国家开展跨国租赁业务的融资租赁公司，政府设立了官方背景的海外私人投资公司，为其提供全方位的政治风险保险；二是通过美国的官方机构进出口银行对从事国际金融租赁业务的美国融资租赁公司提供全方位的出口信贷、出口担保。

2. 中国融资租赁业的政府支持政策

与美国等融资租赁发达国家相比，中国融资租赁行业所得到的政府支持力度明显不够，在政策上缺少对融资租赁业的优惠扶持措施。可以说，我国针对融资租赁从来没有实行过大范围的投资税收减免优惠政策。

1994 年，国家经贸委、中国人民银行、外经贸部、财政部曾联合发出《关于解决拖欠中外合资租赁公司租金问题的通知》，由中国银行提供 2 亿美元的特种贷款化外债为内债，逐步解决企业转制带来的欠租问题，这算是对融资租赁业的一种支持。除此之外，鲜见政府扶持政策的出台。

近年来，由于我国地区间的竞争压力，地方政府（尤其是一些开发区、保税区）对地方税种的短期减免力度加大，惠及融资租赁公司。例如上海浦东新区和天津滨海新区都对落户区内的融资租赁公司给予一次性财政补贴、所得税二免三减半、办公场所装修补贴、高管个税补贴等优惠政策。

三、美国融资租赁业对中国融资租赁业的启示及促进中国融资租赁行业发展的对策

（一）美国融资租赁业对中国融资租赁业的启示

通过以上对国际融资租赁行业发展历程研究，以及对中美两国融资租赁业的整体比较和差异分析，我们可得出以下启示：

1. 融资租赁业的发展与产业和技术革命是相伴而生的。从国际融资租赁行业的发展历程看，融资租赁业的产生本来就与第三次科技革命息息相关，正是由于产业技术革命，使得工业部门原有的大批设备被淘汰以及资本技术密集型的新兴工业部门大批涌现，融资租赁行业才有可能适应市场需求应运而生。在融资租赁行业解决企业因技术革命而缺乏资金问题的同时，也通过这些企业本身对落后产能的淘汰以及市场的竞争加快了产业技术革命进程，从而催生了新的技术革命对融资租赁的进一步需求，因此，融资租赁业发展是与产业技术革命相伴而生的。

2. 融资租赁业的发展是随着金融市场的深化而深化的。现代租赁业（融资租赁业）发端于第二次世界大战之后的美国，随后凭借其独特的市场功能和固有优势，逐步扩展到欧洲、日本等发达市场国家，现代租赁业在加速商品流通、提高资产利用率、促进投资增长和功能完善、引导社会资源配置、

提升社会整体金融效率以及平衡国际贸易等方面，对国民经济的发展起到重要的推进作用，而融资租赁市场渗透率本身也已成为衡量市场经济成熟度的重要指标之一。纵观国际融资租赁行业的发展，可以发现，融资租赁行业是随着金融市场深化而发展的，正是由于金融市场的逐步完善，使得区别于传统银行业务的金融创新不断增加，金融市场分工和专业化趋势加强，作为融资与融物相结合的融资租赁得以出现。而后，无论是杠杆租赁、返还式租赁、经营性租赁的渐进式发展，还是租赁投资基金、项目租赁、租赁证券化，都是金融市场不断自我发展和完善的产物，可以说融资租赁业的发展始终伴随着金融市场的深化。

3. 国际融资租赁是随着产业国际化而发展起来的。各国的融资租赁业都经历过由内向外的发展过程，随着国内市场的饱和，产生了国内产业走出国门、抢夺国际市场的需求，伴随着这种产业国际化的进程，国际融资租赁业务也发展起来。这一点对目前的中国企业具有特别的启示意义，当前中国经济最大的难题是内需不足、产能过剩，而企业也急需发展新的营销方式。融资租赁一方面可以增加下游企业的购买能力，拉动内需、促进设备投资；另一方面也有助于国内企业发掘国际市场，促进设备出口，服务于商品和企业的国际化，从而有效调整国内经济结构、消化国内产能。

4. 一国的融资租赁业务市场渗透率与该国产业结构调整和技术革新同步。融资租赁业务渗透率一定程度上反映了融资租赁对固定资产设备投资的贡献程度。从各国融资租赁业务发展阶段看，都存在一个起步、快速增长和饱和的发展过程。而融资租赁行业对于设备投资的高度敏感性，使得上述每个阶段的融资租赁渗透率的高低以及发展速度的快慢与该国的产业结构调整和技术革新进程相匹配，即当一国加快产业结构调整、推动技术革新加快时，融资租赁业务规模和市场渗透率也会迅速上升。这一结论对我国现阶段融资租赁业务的发展具有现实意义：随着我国产业结构调整和技术革新的深化，融资租赁市场渗透率将逐步提升。

5. 融资租赁业的风险受实体经济波动的影响较大，应当加强我国对融资租赁业的系统性风险防范的探索。融资租赁服务于实体经济，因此不可能独立于实体经济的发展而实现自我繁荣。从本质上来说，融资租赁的风险以及利润，是由实体企业中长期的生产率和利润率大小而决定的。尽管目前我国对融资租赁行业存在分头监管的情况，但应当充分认识融资租赁风险长期化以及融资租赁在融资功能、风险和期限的转换、风险管理等方面所具备的金融特征。另外，2008年的金融危机使得银行对外融资和资本补充更加困难，这种流动性危机对银行系金融租赁公司挑战更大，就如前述，融资租赁公司将面临银行和承租人的双层冲击，形成系统性风险：一方面银行要把有限的资源用在核心业务和核心客户身上，会减少对融资租赁公司的资金支持；另一方面承租人的违约率会大幅上升，使得融资租赁公司的资金回收难度增大。因此，必须不断加强对融资租赁行业系统性风险的防范和探索，应将对融资租赁行业的监管纳入我国长期金融安全视野。

6. 融资租赁业的竞争实力关键在于融资租赁公司自身的综合实力以及租赁从业人员的素质。我国的融资租赁业要发展，既需要友善的外部环境，更要靠自身的硬实力。从国际市场发展经验看，融资租赁行业是高度专业化的行业，而专业化市场的人才往往是决定业务开展以及风险控制的关键。因此，必须通过完善融资租赁公司法人治理结构和内控机制，建立与融资租赁相匹配的激励机制，提高从业人员的整体素质，以切实提升行业的资产管理和运营能力，支持和鼓励融资租赁公司在产品功能、业务模式、市场定价以及交易退出机制上的创新，培育融资租赁公司自身的核心竞争力。

7. 融资租赁业的发展需要良好发展环境。历史经验表明，完善的租赁法制，专门的投资、折旧、保险、优惠利率、会计、租赁登记等制度会有利于租赁业的发展和风险管理，对融资租赁行业而言，都是必不可少。对此，我国可选择的现实路径有：一是在制定专门的《融资租赁法》的基础上，辅以金融、会计、税收等法律法规的完善，以保障融资租赁业拥有更好的法律基础；二是在投资、折旧、税收、补贴、优惠利率、资本市场融资和保险等方面，结合我国实际情况出台相应的优惠政策，为融资租赁行业发挥自身功能创造良好的外部环境；三是建立全国性的、统一的融资租赁登记系统，在更好地保障租赁物权益的同时，为融资租赁行业营造更好的市场环境。

（二）促进中国融资租赁业发展的对策

1. 优化融资租赁业的发展环境

（1）建立健全融资租赁法律体系

首先，应当制定专门的《融资租赁法》。虽然国际上存在着专门立法和非专门立法两种模式，美国也采取了非专门立法模式，但我国作为一个融资租赁的新兴国家，应当制定专门的《融资租赁法》，同时辅之以其他特别规定的模式。主要理由如下：

一是中美法律体系存在差异。相对而言，英美法系更易认可租赁物的所有权与使用权相分离的特征，而大陆法系对此认可度不足。我国的《物权法》确立了物权登记生效制度，但只规定了对所有权、使用权、担保物权的登记，没有对信托物权和租赁物权的登记作出具体规定，导致融资租赁业务在实践中遇到各种法律障碍。因此统一的《融资租赁法》可以对租赁物权登记予以明确，这有利于弥补目前我国租赁物权登记的缺陷。

二是中国的法制环境较为薄弱。美国等融资租赁交易较为发达的国家之所以采用非专门立法模式，是因为这些国家法制比较完善，已有的民商法、经济法、行政法足以解决融资租赁交易中的法律关系。但我国融资租赁业属于新兴行业，法制建设相对滞后，无法解决融资租赁交易中存在的各种问题，急需一部专门的《融资租赁法》来统一调整融资租赁关系。此外，融资租赁作为我国准备大力扶持的新型行业，更需要一部专门法规来提高行业地位，促进行业发展。

三是制定《融资租赁法》能够统一调整融资租赁关系，统一规范融资租赁业，改变我国目前融资租赁立法不系统、不完整的状况。融资租赁业涉及金融、贸易、投资、会计、税收等多个领域，如果没有一部融资租赁的基本法，各部门法之间由于立法宗旨、起草机构等不同会导致不同部门法之间的差异。因此，需要制定一部超越部门利益、起着行业基本法作用的融资租赁法，以使融资租赁配套规定有一个基本的立法依据，真正维护承租人和出租人的权利。

四是制定《融资租赁法》符合我国立法惯例。将调整某一行业的主要法律关系放在一部法律中规定，并以行为法、组织法作为立法思路，已经成为我国金融立法工作中的一种惯例，例如，我国《保险法》、《公司法》、《票据法》均秉承了这个惯例。

其次，除了制定专门的《融资租赁法》外，我国还必须解决以下法律问题：

一是完善《合同法》，明确融资租赁合同当事人的权利义务。根据近年来融资租赁业务模式的发展需求，对《合同法》第十四章进行完善，包括修改定义，明确租赁物范围和融资租赁的特殊形式，对供货合同和租赁合同的联动性、融资租赁合同生效起始时间、融资租赁合同的独立性和不可解约性、根本违约行为的判定标准及违约救济措施、出租人破产、租赁物非责任财产等问题作出更明确的规定。

二是明确租赁物取回权的相关条件、方式、冲突解决机制等。我国必须在租赁物取回权的行使条件、承租人违约时出租人取回权的行使、租赁物取回权的行使所受的限制、租赁物取回权的行使方式、租赁物所有权和抵押权冲突时的解决机制、租赁物所有权和善意第三人的冲突解决机制等方面填补立法空白。

三是尽快解决融资租赁登记问题。融资租赁登记问题是保障租赁行业物权归属的关键问题，也是最难解决的问题之一。因此，可以分两阶段逐步加以解决：

第一阶段，完善我国现有的登记体系。虽然建立全国性的、统一的融资租赁登记体系的效果最佳，但其难度也最大，不仅要调整各部门之间既得利益的分配格局，还要解决专门立法问题，无法一蹴而就。因此，目前最为紧迫的是如何完善我国现有的登记体系，解决融资租赁业面临的问题。笔者以为，一方面可以保持现有的运输工具登记体系不变，即航空、船舶、渔业船舶和机动车的登记模式不变；另一方面在工商行政管理部门现有的动产抵押登记的基础上，完善除运输工具以外的其他动产的登记。首先，工商行政管理部门应允许租赁公司作为租赁物的所有权人，办理租赁物的动产抵押登记，并允许租赁公司同时作为所有权人和抵押权人；其次，工商行政管理部门应升级其动产抵押登记系统，做到电子化登记和全国联网查询；最后，工商行政管理部门应简化登记和查询手续，降低租赁公司及相关利益人的办理成本。

上述方式的最大优点是见效快、影响面小，并在短时间内从本质上提高了租赁公司对租赁物的管理能力，极大地降低租赁行业的风险。一方面，该方式不需要漫长的立法过程，直接适用现有的法律，通过现有的《动产抵押登记办法》，解决了除运输工具以外的其他动产的登记法律效力问题；另一方面，该方式不改变现有的登记体系，不涉及各利益相关部门之间的博弈，不存在漫长的部门协调沟通过程。

第二阶段，在条件成熟的前提下，建立全国性的、统一的融资租赁登记体系。计算机和网络技术为高效、便捷和低成本的动产所有权统一登记制度创造了条件，相关发展中国家已经建立的动产所有权统一登记系统也给我们提供了可借鉴的技术模式。对此我们可以采取两种方式：一种方式是专门建立一个全国性的、统一的租赁物所有权登记平台，并通过立法或司法解释的形式，明确该租赁物所有权登记平台的管理部门及登记的法律效力；另一种方式是改革现有的动产分别登记模式，建立专门机构统一行使动产所有权的登记职能，租赁物所有权登记作为动产所有权登记的一种形式，纳入该动产所有权登记体系。上述两种方式虽然均涉及法律变更和部门利益的协调问题，但如能成功，将彻底解决我国融资租赁行业的融资租赁登记问题，为融资租赁业的健康发展奠定基础。

四是解决承租人特殊资质适用于出租人的问题。某些特种设备需要使用者具备相应的特殊资质，如医疗仪器、锅炉、大型游乐设施、飞机等，需要经主管部门许可方可经营使用。当以特种设备作为租赁物时，如果因为出租人在租赁期间享有该设备的所有权，便要求出租人也具备相应的特殊资质，是不现实的，也是不合理的。因此，融资租赁的相关法律法规应明确区分特种设备的名义所有权人（出租人）和实际使用人（承租人），承租人具备相应资质的就应视同出租人也具备资质。此外，应保证融资租赁交易与其他交易形式（如贷款等）享有同等待遇，承租人直接购买设备所能享有的优惠政策，不应因其采用融资租赁方式而受到影响。具体包括：建议机动车登记部门应当接受融资租赁公司作为机动车抵押权人，并取消高额办理费用；建议国家食品药品监督管理局允许融资租赁公司在无医疗器械经营企业许可证的情况下开展医疗器械融资租赁业务；建议有关管理部门对租赁公司的飞机引进资质作进一步明确，针对国内融资租赁公司从国外租赁公司或飞机制造商购买飞机并出租给国内航空公司的运营模式，允许以飞机进关前境内航空公司获得的国家发展改革委引进飞机的批文为准，无须国内融资租赁公司再额外申请批文。

（2）完善融资租赁业的监管体系

目前，中国融资租赁业的监管模式为分头监管，即金融租赁公司由中国银监会监管，其他融资租赁公司归商务部监管。这一模式形成既有我国融资租赁行业发展的历史成因，也基本符合融资租赁行业自身特点。对于金融租赁公司，出于其持牌金融机构的特性，及其所获得资金的便利性和相对低成本性，其风险可能传导给银行，应当予以严格监管；而对于其他非金融机构的融资租赁公司，监管要求可以不同，但对于其融资杠杆的运用也应加以监管。总体上，对于我国融资租赁行业的监管，应当把握以下几点原则：

首先，可继续实施分头监管，但给予融资租赁公司对自身企业性质的选择权。

如前所述，对于金融机构属性的金融租赁公司应当加以严格监管，同时，企业也因自身的金融企业性质而获得资金来源优势；对于其他非金融机构性质的融资租赁公司，虽不具备资金来源优势，但监管环境相对宽松。因此，可以考虑给予机构对其自身属性的选择权，即机构通过向不同监管部门的市场准入和退出来灵活选择自身企业性质，进而置身于不同的监管环境。

其次，提高金融租赁公司监管的专业化水平。

目前，我国的金融租赁公司由中国银监会监管。一方面由于金融租赁公司诞生时间短，缺少可借鉴的监管经验；另一方面由于相关监管人员数量有限，监管力量的配置远远没有跟上金融租赁行业的发展速度。因此，中国银监会对于金融租赁公司的监管，从市场准入要求和日常监管标准到监管指标的设定等，都参照了银行的监管要求。然而，金融租赁公司不能吸收公众存款，因此，中国银监会可以针对金融租赁公司的自身特色和融资租赁业务特点，设计和制定专门的监管标准和指标，将金融租赁公司与银行区别对待，提高监管的科学性和有效性。

再次，适度强化对外商投资租赁公司和内资试点租赁公司的监管。

目前，我国外商投资租赁公司和内资试点租赁公司由商务部监管。商务部对此类融资租赁公司的监管相对宽松，没有严格的行业监管指标、体系和措施，行业的统计数据也不齐全。一方面，营造宽松的市场环境可以吸引投资者加入，快速做大行业规模，例如2011年末，商务部下属的融资租赁公司达到296家，比年初的165家增加了111家，增幅达到68%；另一方面，较为宽松的监管环境也容易导致融资租赁公司鱼龙混杂、良莠不齐。此外，相对宽松的监管也使融资租赁行业中的主要问题以及政策需求情况难以收集和反映，不利于整个行业的管理和发展。因此，商务部应当适度强化对外商投资租赁公司和内资试点租赁公司的监管力度，加强与中国银监会的沟通交流，推动整个融资租赁业的规范发展。

最后，成立全国性行业自律组织，协助监管部门提升监管有效性。

目前，由于分头监管的原因，融资租赁业出现了中国银行业协会金融租赁专业委员会、中国外商投资企业协会租赁业工作委员会、中国国际商会租赁委员会等众多的行业协会，这些协会呈现出各自为政、互不交流的现象，不利于行业的整体发展。因此，成立全国统一的融资租赁行业协会就十分重要：一方面，统一的行业协会能够加强行业自律，在制定行业章程和制度、行业培训、行业考核和修改行业法律法规等方面发挥重要作用；另一方面，统一的行业协会对促进监管部门之间的沟通、提升监管效率、树立行业良好形象方面等方面有着较大作用。

（3）改善融资租赁业的政策环境

通过研究各国融资租赁发展历程可以看到，融资租赁的发展需要政府的推动，其原因在于：第一，它是绝对的资本密集型行业。资产价值较低的物品租赁，可以由传统租赁实现；大型设备的租赁才需要融资租赁，即使可以使用杠杆租赁的形式只付出买价20%～40%的资金，也是一笔很大的金额。例如一架4000万美元的波音737客机，至少需要800万美元才可以完成杠杆租赁。民间资本在政策不明、风险不可控的情况下，不会轻易涉足。第二，需要以制度降低交易费用。如果没有适当的制度来降低这一环节的交易费用，这一分工就不能取得自我加强。这包括相应的产权规定及配套政策，也包括利用税收这一再分配工具补偿该环节的交易成本与交易费用。

改善融资租赁行业的政策环境可以从两个方面着手：

第一，对融资租赁行业本身给予直接的政策支持。在税收方面借鉴美国及国外发达国家的经验，在诸如投资减税、加速折旧等方面给予出租方及承租方真正的优惠，特别在如今"营改增"的大环境下，如何合理设计融资租赁公司的增值税纳税体系，切实给予融资租赁公司税收优惠，提高融资租赁业的整体发展水平，是我们必须解决的问题。一是应保证承租人直接购买设备所能享有的投资税收抵免等优惠政策，不应因其采用融资租赁方式而受到影响；二是允许承租人通过租赁方式购置的设备采取加速折旧法，减少税收负担；三是当承租人由于亏损等原因，没有足够的应税所得或所得税用以抵免时，应当允许出租人代为行使上述税收抵免权利，并通过降低租金的方式，将得到的抵免优惠转移给承租人；四是建议税务机关允许融资租赁公司开展的经营性租赁业务也执行实际税负超过3%的即征即退政策，同时将增值税附加也纳入实际税负封顶3%的计算口径，避免租赁行业由于"营改增"而增加税负成本。

在拓宽融资渠道方面。一是允许融资租赁行业以入股等方式吸收保险资金，融资租赁需要中长期稳定资金，并能提供稳定的分期资金回报，与保险资金的特点最为匹配；二是加大金融创新力度，通过资产证券化、转租赁、杠杆租赁引入银行贷款和投资基金资金予以解决；三是简化金融租赁公司发行债券的审批流程，允许效益好的融资租赁公司上市发行股票、债券，从资本市场筹措资金。

第二，通过对重点行业和领域的支持，间接实现对融资租赁业的鼓励政策。融资租赁行业随着金融市场的发展而发展，解决行业的发展问题应主要通过市场化方式，而不是政府的各项优惠政策。因此，政府相关的财政、保险政策应支持承租人属于国家重点行业的项目。

在财政补贴方面，对我国急需发展的基础行业、创新行业以及重点发展战略领域，给予融资租赁补贴，或允许融资租赁公司使用政策性基金。目前，可以先在各地保税区研究出台明确的关于融资租赁公司在保税区设立项目公司开展飞机、船舶及跨境租赁业务的优惠税收财政补贴，方便融资租赁公司开展保税租赁业务时有明确的税收政策可以遵循。在此基础上，待条件成熟时再逐步推向全国，形成稳定的长效机制。

在保险方面，结合我国实际情况出台相应的保险法规，成立相应的政府专门保险机构。一是由政府设立专项租赁保险基金，融资租赁公司在开展租赁业务时，按照政府要求，签订租赁信用保险合同，当遇到承租人因破产或其他原因不能偿还租金时，可从政府专项基金中得到适当补偿；二是国家通过进出口银行或设立专门的出口租赁担保机构，为跨出国门、从事国际租赁业务的租赁公司提供出口信贷和出口担保；三是由政府给予商业保险机构一定的优惠政策，鼓励商业保险机构向租赁公司提供低成本的租赁保险，通过多种渠道缓解租赁公司的风险压力。通过上述方式，提供和扩大保险服务范围，以降低各方当事人的风险损失，从而可以引导鼓励融资租赁公司服务中小微企业和尝试进入国际租赁市场。

另外，可由政府部门出面，牵头多家银行设立租赁专项基金，如飞机租赁专项基金、航运租赁专项基金等，专门为从事此类租赁业务的租赁公司提供长期稳定的资金来源。

2. 提升融资租赁业自身实力

（1）建立完善的法人治理结构和内控机制

融资租赁公司应当建立完善的法人治理架构和内部控制体系，完善业务操作流程，健全融资租赁风险控制机制和高级管理人员履职评价机制，按照"全面、审慎、有效、独立"原则，明确前、中、后台的职责和流程，加强租赁业务的全流程管理，切实提高融资租赁公司的经营管理能力。

（2）提高从业人员的整体素质

复合型人才是现代融资租赁需要的真正人才，要懂经济、金融、法律、财务、产业、贸易等知识。因此，融资租赁公司要通过培训、选拔、竞争、激励等手段，培养专业的技术人员队伍、高质量的营销团队、市场分析团队和融资团队，提高我国融资租赁从业人员的整体素质。

（3）提高融资租赁公司的专业能力

融资租赁公司的核心竞争力就在于租赁业务的专业能力。租赁物的管理和运营是融资租赁区别于银行信贷的特点之一，也是融资租赁的优势之一。

国际知名的融资租赁公司大都建立了自己的租赁物管理团队，并对相关行业进行了长期、持续的跟踪研究，及时掌握相关行业的周期波动、发展状况、价格走势、市场容量、供求关系等信息，这种对行业的专注程度和专业能力成为这些国际知名融资租赁公司的核心竞争力，是它们控制业务风险、提高项目收益、超越竞争对手、建立业务壁垒的核心。

我国的融资租赁公司要高度重视租赁物管理，加快租赁物管理的制度建设、机构建设和人员培养，合理选择租赁物细分市场，并持续关注租赁物的市场价值变化和运营维护，在长期、深入的行业研究基础上，切实提高资产管理能力和专业运营能力，培养融资租赁公司自身的核心竞争力。

（4）加强融资租赁公司创新

一是融资租赁的功能创新。准确的功能定位是融资租赁业发展的关键，也是融资租赁业能否健康成长的基本前提。融资租赁的功能创新就是要在功能上充分挖掘和放大除融资以外的其他功能，例如拉动内需、引导资本合理有序流动等宏观功能和扩大投资、促进销售、节税、表外融资、盘活存量、推动技术改造、缓解债务负担、增加资产流动性和强化资产管理等微观功能。

二是融资租赁的模式创新。融资租赁的基本方式是三方当事人（出租人、承租人、供货商）间的两份合同（购买合同、租赁合同）所确定的债权债务关系。从最基本的直接融资租赁，可以诱导出多种变体，如转租赁、售后回租租赁、杠杆租赁、委托租赁等。除了上述已成熟使用的融资租赁方法外，由于市场的驱动和业务的拓展，近年来国内外一些租赁公司又开发出许多创新模式，如分成合作租赁、风险租赁、结构式参与租赁、捆绑式租赁、综合性租赁等，都是我们可以借鉴的。

三是融资租赁的交易退出机制创新。融资租赁业同银行业一样，安全性、流动性、盈利性是其遵循的经营原则。建立租赁业务的二手市场将安全性放在第一位是必要的，租赁证券化就是在这种情况下提出的。租赁证券化是集合一系列用途、性能、租期相同或相近，并可以产生大规模稳定现金流的资产，通过结构性重组，将其转换成可以在金融市场上出售流通债权的过程。租赁证券化盘活了融资租赁公司的资产，增加了资金流动性，加速资金回流，为新项目的运作提供后续资金保证。

四、中国融资租赁业热点问题的探讨

（一）融资租赁业的金融属性和监管问题探讨

1. 融资租赁业的行业性质问题

关于融资租赁的金融业务属性，业界一直存在争论，甚至有观点认为，融资租赁的融资和租赁是两种市场行为，由于最终的租赁不是资金的融通而只是一种物的融通，因此融资租赁本质上并非金融活动。

上述观点的错误在于没有正确掌握金融交易的核心所在。金融交易的核心是跨时间或跨空间的价值交换，因此所有涉及价值或者收入在不同时间或空间之间进行配置的交易就是金融交易。从融资租赁看，其通过融物方式所达成的价值交换，在融资功能、风险和期限的转换、风险管理等方面都显然具备了金融交易的基本特征。

首先，融资租赁中的融资并非指租赁公司自身的融资行为，而是指融资租赁业务的本质功能是融资，即融资租赁业务是承租人以将来现金流（租金流）交换了当前租赁物的融资。其实质是出租人通过租赁业务对承租人进行了资金的融通，而并非以融资为中间过程开展了融物的租赁活动。

其次，通过融资租赁所进行价值交换的同时，也产生了对租赁双方所承担风险的转换。就此而言，融资租赁也是一种对风险的交易，其对租金的最终定价，实际也就是融资租赁的风险对价。

再次，融资租赁具备一定期限，可通过对租赁期限的安排来调整租金的价格。而租金是按照承租人占用出租人资金的时间来计算的，它的计算原则按照融资方式计算，甚至还包括利息的概念，这也说明了融资租赁的业务实质在于融资。

最后，对于融资租赁业务的风险管理手段，无论是租赁物的所有权控制、租赁物风险承担主体、对于租金偿付的控制等，也都是以传统金融风险的控制为基本出发点来开展的。

实际上，无论从我国现行的法律法规、工商税务部门的定性、国家对行业划分还是国际通行的行业标准，融资租赁始终被归为金融行业中的一类。即便由于特殊历史原因，我国融资租赁行业存在不同的监管或者管理部门，也并不能改变融资租赁业务本身的金融性质。

2. 加强融资租赁监管的思考

融资租赁的实质是通过融物的法律形式开展的一种融资活动，单纯由于其中存在融物的形式而把融资租赁界定为"进行资源配置的服务行业"或"是一种以资产买卖为背景的商业信用行为"都没有揭示其真实本质。而提出此类观点的目的在于：通过否认融资租赁业务的金融特性，最终减少对行业的管制。从融资租赁行业风险化解的历史经验看，由于我国融资租赁行业相对较高杠杆比率的运用，融资租赁行业对金融行业的风险冲击是明显的。而在我国法律体系不够完善、征信和资产评估体系尚未健全、社会整体信用环境不够良好的背景下，迅速发展的融资租赁行业恰恰需要进一步加强而不是放松监管。

事实上，从金融监管的角度来看，无论是保护社会公众利益不受损害，还是防范金融行业风险的内生性和传染性，对融资租赁行业实施监管都是必要的：金融监管的目标之一就在于防范危及公共安全的系统性金融风险，即如果存在可能危及公共的金融风险，就需要加以监管。因此，对融资租赁行业而言，其监管必要性并不完全体现于融资租赁业务本身的金融属性，更重要的是该行业基于何种资金来源开展业务：如果融资租赁公司使用的是自有资金或仅以较小的杠杆开展业务，则可以不受监管；如果公司使用的是来自社会公众的或其他类似性质的资金，则必须接受严格的监管以防范系统性风险。因此，判断融资租赁公司是否需要接受监管的一个标尺是公司能否使用较大的杠杆来开展业务（较大的杠杆往往意味着更多社会公众资金的进入，也意味着业务风险有可能向社会公众传导）。

从目前我国的各类融资租赁公司看，一是都具备了使用较高杠杆比率来开展业务的能力；二是除自有资金外，开展业务的资金主要来源于商业银行体系；三是都有向银行体系传导较大风险的可能。因此，现阶段我国的融资租赁行业必须接受监管，而金融租赁公司因其持牌的特殊性，获取银行融资的能力更强，更需要严格的监管。需要强调的是，对融资租赁公司是否需要监管的分界线在于，只要拥有了较大杠杆使用能力的公司就必须加以监管以防范风险。

虽然我国的融资租赁行业存在分头监管的现状，也的确存在金融租赁公司有着更多的自身融资便利而其他融资租赁公司融资渠道相对狭窄的情况，但无论从融资租赁行业本身的金融属性，还是从整体融资租赁行业较高杠杆比例的运用，以及融资租赁行业主要资金来源于商业银行的特征分析，如果放松对行业的监管，仍有可能发生融资租赁行业将风险传递给银行业的情况。而随着近年来规模的迅速增长，融资租赁行业的风险传导能力也迅速增加，尤其是融资租赁行业办理的是一类较为长期的业务，其风险的长期化应当引起高度重视，因此完全有必要将对融资租赁行业的监管纳入长期金融安全的视线。

3. 融资租赁业监管方案的选择

（1）分头监管模式下的系统性风险防范

在可预见的期限内，我国融资租赁行业并未出现统一监管的趋势。其中固然有我国融资租赁行业发展的历史原因，也有目前的分头监管模式基本符合不同融资租赁公司的风险特征的原因。如前所述，金融租赁公司是实际使用更大杠杆的一类融资租赁公司，必然应当受到更为严格的监管。而其他融资租赁公司虽具备了使用较大杠杆的能力，但由于商业银行只是将其视做普通客户，因此融资租赁公司实际并未运用过高的杠杆，故其监管环境也相对宽松。上述分析表明，总体上我国对融资租赁行业的现行监管是有效的，但其有效的前提是除金融租赁公司以外的融资租赁公司尚未使用更大的杠杆。如果要维持现有分头监管模式的有效性，必须控制该类公司使用杠杆的能力，一旦发现除金融租赁公司以外的融资租赁公司开始使用较大的杠杆，且主要资金来源于商业银行体系，则必须实施更为严格的监管以防范其风险的传导。

（2）当前对融资租赁公司的监管重点

一是必须避免融资租赁公司过高杠杆比率的使用。限制融资租赁公司杠杆率的意义在于避免公司过度扩张以维持公司资本对风险具备足够的抵偿能力。这也是防止融资租赁公司风险溢出的一个基础。现阶段对于金融租赁公司的直接监管本身包含了资本充足率的要求，而对其他融资租赁公司具体杠杆使用应当成为下一步的监管重点（目前对"风险资产不得超过净资产总额的10倍"这样的宽松监管显然是不够的）。

二是从总结监管经验的角度出发，必须加强对融资租赁公司关联交易的监管。上一轮融资租赁公司快速发展引致风险的主要教训在于，融资租赁公司的控股股东利用融资租赁公司作为自身投融资平台，通过大量关联交易来获取利益，因此加强对融资租赁公司关联交易，尤其是对实业控股的融资租赁公司的关联交易保持警觉是必要的。其实这也反映了在具体市场准入过程中对股东背景，尤其是股东资金渴求程度以及主要发展模式应当加以考量，避免资金需求度高以及快速扩张的实体成为融资租赁公司的股东是融资租赁公司健康发展的前提之一。

三是融资租赁提供中长期金融服务，因此管理融资租赁公司负债与资产的匹配是防范其流动性风险的根本手段。目前通过向银行短期借贷来办理融资租赁显然是不合适的，与租赁资产更匹配的一种负债方式是发行债券，也可以开展融资租赁的证券化获取中长期资金，前提是公司必须接受严格的监管。

四是针对不同业务特性，实施差别化监管。对于目前占据主流的融资租赁业务，无论是金融租赁公司还是其他的融资租赁公司，风险管理相对成熟，经营租赁业务必须认识到目前国内市场存在不足，在选择流动性相对较好的租赁物的同时，还必须要求融资租赁公司充分掌握对租赁物残值的管理技术，以避免租赁物残值风险的发生。因此，当前对经营租赁业务的开展设置适当的比例限制尚属必要。

（二）银行系金融租赁公司发展模式探讨

1. 国外银行系融资租赁公司的发展模式

国外银行系融资租赁公司业务发展模式可大致分为两类：一类是由母银行全资设立，依托于母行来发展，作为银行的产品线或业务部门进行管理，开展的业务以融资性租赁为主；另一类独立于母行而发展，其业务拓展以直客、厂商经销商网络为主，开展的业务包括飞机、船舶等经营性租赁业务等。

从融资渠道来看：对于母银行全资设立的融资租赁公司，母银行对其实行资金统一管理，在银行中央成本中心入账后，融资租赁公司按照转移价格从资金部门获得内部融资。其优点是银行在金融市场上凭借较高的信用等级，能够获得成本相对较低的资金，在集团内各业务条线统一调配使用，有利于整个集团的利益最大化。对于相对独立的融资租赁公司，受母行支持较少，发行金融债、资产证券化成为其常用的融资手段。

2008年金融危机使得银行遭遇了流动性危机和资本短缺，这种流动性危机对银行下属的金融租赁公司挑战更大，因为母行要把有限的资源用在核心业务和核心客户身上。但是取决于租赁公司在母行的战略位置，这既可能是一种挑战也可能是一种机遇。有些租赁公司被迫收缩其业务甚至被母行出售，而有些租赁公司则借机扩张其业务开展地域，投放新产品，重新定位租赁业务在母行集团的地位。对于相对独立的租赁公司，由于母行不得不将有限的资源用于核心业务和核心客户身上，除非租赁公司自己有能力在流动性紧缺的金融市场上筹措资金而且其利润率水平高于母行，母行一般会退出租赁业务。对于依托于母行来发展的租赁公司，如果租赁公司只是通过母行网络来拓展业务，无法为母行增加核心价值，母行在金融危机期间多半收缩其业务或干脆关闭或出售。而如果租赁公司能与母行的发展战略相结合，通过与母行其他部门合作为客户提供全方位金融服务，增加母行竞争优势，那么其地位在金融危机中不但没有被削弱反而得到了加强。

因此，银行系租赁公司需要从能为母行带来什么样的附加价值的角度来思考自己的发展战略。在保持独立性的同时，银行系租赁公司还需要配合母行为其客户提供全方位的金融服务从而促进母行的业务发展。

专栏6

美银租赁发展模式

美银租赁以租赁为核心，但不局限于租赁业务，可以为客户提供租赁业务相关的交易结构设计建议、设备融资方案和资产组合管理等多方面的金融服务，满足客户筹资、资产风险管理、税收管理、资产负债表管理等不同目的的融资需求。美银租赁还将租赁作为一种结构融资平台，综合利用美国银行及银行集团旗下机构（如资本投资公司），结合信托、基金、证券化等多种融资方式，引入特定的投资者，通过设计某些交易结构满足客户的不同需求。因此，美银租赁可以扮演业务发起人、咨询顾问、安排人、资产管理人和残值担保人等多种角色，而不仅是出租人。

美银租赁通过与银行条线一致的三大客户开发渠道、七个产品渠道和四个资本市场渠道开发设备租赁市场，在销售租赁产品过程中也负责推广美国银行的金融产品；美国银行也是如此，销售银行产品时负责推介租赁产品。这种营销模式归功于美国银行采用的"影子信贷"机制，即银行和租赁公司双边记账，一项业务是租赁还是贷款对银行员工没有区别，有效避免了以往激励不足以及租赁公司和分行之间内部竞争的弊端。

美银租赁的IT、运营、财务、风险管理、人力资源、合规及法律等中后台管理都由银行或者银行集团相应的中后台部门统一管理，这种机制安排一方面可以最大限度地利用银行已有的系统、专业人员和管理资源，另一方面可以有效地保持银行整体风险控制的一致性。

在风险管理方面，美国银行整体客户关系集中度和行业集中度管理适用于包括租赁在内的所有信贷产品，银行的核心信贷政策适用于整个美银，同时允许在总体信贷政策下制定针对租赁产品和业务模式的信贷政策。美国银行根据租赁业务的风险特性采取不同的风险管理措施，对较少承担资产残值风险的融资性租赁业务（反映在银行资产负债表上几乎全部为应收租赁款）与贷款同等管理，主要考察承租人的信用风险；对资产残值占比较大的经营租赁业务采用SPV结构实现风险隔离，同时对经营租赁业务的资产规模设置比例上限（10％）。此外，在美银租赁承担租赁业务信贷审批责任的同时，美国银行对分行制订了配套的责任分担政策，以解决银行不同业务单元之间承担责任的争议。这种信贷责任共担的风险机制与"影子信贷"的激励机制相匹配，使美银租赁和分行之间实现合作共赢，避免了不同部门和业务条线之间的摩擦。

美国银行对美银租赁的资金实施统一管理。作为银行业务板块的一部分，美银租赁可以从美国银行的资金部门获得融资，通过内部借款的方式在中央成本中心入账，由资金部门根据向各业务单元的资金转移定价确定资金成本。资金统一管理的好处在于：一是可以增加美国银行业务的资金运用渠道；二是美国银行在市场上的信用等级高，可以较低成本取得资金，有利于银行集团收益最大化；三是资金集中管理与统一信贷政策相互协调，有利于美国银行增强整体的风险控制能力。

2. 对我国银行系租赁公司发展战略的启示

从上述国外银行系租赁公司发展模式的分析可以看出，国际上比较成功的银行系金融租赁公司一方面利用了母行的风控体系与资金优势，另一方面其业务拓展服务于母行的发展战略，通过与母行其他部门合作为客户提供全方位金融服务，从而增加了母行的竞争优势。因此我国银行系租赁公司也应借鉴其成功经验，从能为母行带来什么样的附加价值角度来思考自己的发展战略。

一是在业务拓展上，不应一味追求业务量和高收益，而应该注重于服务核心客户，和母行其他部门一起配合为客户提供全方位金融服务。建立责任共担的风险机制与利益共享的激励机制，使租赁公司和分行之间实现合作共赢，避免不同部门和业务条线之间的摩擦。

二是在资金来源上，应积极拓展发行金融债、资产证券化等资本市场工具。同时，在母行对公司具有较强的控制力、公司的内部控制和风险管理健全有效、母行与公司的风险隔离机制完善而不会向母行传递风险等前提下，以及公司发生流动性风险时，可由母行提供融资予以资金支持。

三是在风险管理上，应保持和母行整体风险控制的一致性，母行的核心信贷政策适用于租赁公司，同时允许租赁公司在总体信贷政策下制定针对租赁产品和业务模式的信贷政策，根据租赁业务的风险特性采取不同的风险管理措施。

（三）"营改增"对融资租赁业的影响探讨

2011年11月，国家税务总局连续发布多个文件，标志着我国开始推进营业税改征增值税的税制改革，作为试点地区的上海，已有多家租赁公司参与了该项试点工作。从目前的试点情况看，"营改增"可能会对融资租赁行业带来较大影响。

1. 有利于推动融资租赁行业发展

（1）增强融资租赁方式的吸引力。以往融资租赁公司是营业税纳税人，无法将购置设备缴纳的增值税传递给承租企业用以抵扣，造成了抵扣链条的断裂。租赁公司纳入增值税征税主体后，将使设备的上下游形成完整的增值税抵扣链条，吸引更多的企业采取租赁方式进行融资。

（2）降低承租人的实际税负。营业税下，如果承租人为增值税一般纳税人，其通过融资租赁方式获得的增值税进项税额仅为设备部分。税改后，其获得的增值税进项税额不但包括设备部分，还将包括利息部分的进项税额。承租人抵扣范围扩大，大大降低实际税负。

（3）为租赁公司对租赁设备的物权提供支撑。租赁公司从设备供应商处直接取得购买凭证，使租赁公司的资金流、实物流和发票流统一起来，有利于保护租赁公司对租赁物的法律所有权。

2. 对"营改增"试点工作的思考

尽管上海的融资租赁公司被纳入"营改增"试点范围后带来了更多商机，但在实际执行中还存在一些困难。具体如下：

（1）经营性租赁业务税负较高。国家税务总局对于融资租赁的实际增值税税负出台了封顶3%的优惠政策，但对于经营性租赁业务并未给予优惠。实际业务中，融资租赁公司大力开展的单机、单船SPV业务，大部分属于国际通行的经营租赁。如果经营租赁业务在增值税试点后，将原5%营业税税率上升到17%的增值税税率，将明显增加租赁企业实际流转税税负。建议税务机关允许融资租赁公司开展的经营性租赁业务也执行实际税负超过3%的即征即退政策。

（2）上牌车辆的销售发票开具问题。融资租赁公司开展上牌车辆租赁业务时，承租人必须获得车辆销售专用发票才能上牌。在实际操作中，融资租赁公司收取供应商开具的专用发票进行了抵扣，但其开具给承租人的租金增值税发票无法作为承租人的上牌依据，直接影响了该业务的发展。目前，税务机关采取的变通方法是允许出租人参照回租业务进行操作备案，即供应商将车辆专用销售发票直接开具给承租人用以上牌，租赁期间租赁公司就租金利息收入开具增值税票给承租人。这一方法虽然解决了承租人的车辆上牌问题，但会影响出租人对车辆所有权的法律效力，并非长久之计。建议相关部门允许承租人持融资租赁公司开具的发票办理上牌手续。

（3）增值税附加增加了融资租赁业务的税负。目前，融资租赁业务增值税实行实际税负封顶3%的优惠政策，但增值税附加却未包含在内。流转税附加为税基的13%，因此基于增值税税率17%的增值税附加（融资租赁公司必须全额缴纳，无优惠）将远高于营业税税率5%的营业税附加。此外，融资租赁公司从国外供应商采购进口设备（例如飞机），设备价款中所包含的增值税税率较低（关税增值税合计为4%），采用融资租赁的方式租出设备，起租时一次性开具设备发票时的税率为17%。尽管租赁公司可以享受实际税负3%的封顶政策，但以增值税为基数的增值税附加不纳入即征即退范围，由此带来的税负成本将直接影响此类进口设备业务的开展。建议将增值税附加也纳入实际税负封顶3%的优惠政策，保持融资租赁行业整体税负的稳定。

（四）金融机构设立融资租赁公司开展综合化经营问题探讨

1. 金融机构热衷设立融资租赁公司的原因分析

2012年以来，各类金融机构设立融资租赁公司的意愿明显增加。除保险行业大举进军融资租赁行业外，北京银行、河北银行、龙江银行、哈尔滨银行、上海银行、杭州银行、徽商银行和广西北部湾银行等八家城市商业银行均拟投资设立金融租赁公司[①]。这些金融机构设立融资租赁公司的冲动有其内在原因。

对于保险公司而言，保险资金投资的一个重要原则就是资产与负债的相互匹配，从保险资金的投资原则和寿险投资需求来看，其长期的投资需求和对稳定投资回报的要求与租赁行业的投资期限和现金流分布非常一致，即保险资金和融资租赁在期限结构、投资回报、安全性和渠道多元化等多方面都有良好的匹配性。这就是保险公司设立融资租赁公司的主要原因。

对于城市商业银行而言，设立金融租赁公司则出于其他方面的考虑。一方面，国内银行业中间业务收入占比普遍较低，这一收入结构在城市商业银

---

① 《第一财经日报》2012年10月8日。

行中尤为明显。2012 年，利率市场化速度加快，相比国有大型银行和股份制商业银行，城市商业银行感到的压力更大。银行中间业务收入迟迟难以提升的原因之一就在于金融的分业经营。因此若能突破分业限制，通过发展其他非银行金融机构平台，银行对信贷业务的依赖程度将大大降低。从国外的经验看，在利率市场化的过程中，大都允许商业银行进行混业经营，拓展银行的收入渠道，减小利率市场化对银行的冲击。其实，多家国有大型银行已经将综合化经营定位为今后的发展战略。另一方面，城市商业银行可能有这样一种考虑，即依托于金融租赁业务没有地域限制的特点，在异地分支机构设立受阻的情况下，可通过金融租赁公司来拓展异地业务。

2. 对于城市商业银行设立金融租赁公司的监管思考

对于城市商业银行设立金融租赁公司的冲动，作为监管部门应当做到：一是要严把准入关，保持政策的连续性，重点关注申请人自身的风险管理水平，对那些内控薄弱、设立目标不明确、盲目跟风的申请人，尤其是对那些想依托金融租赁公司开展跨地域、类信贷业务的城市商业银行的申请要非常审慎；二是要向机构传导融资租赁业务风险长期化的理念，要求机构做好租赁业务现金流覆盖测算和薪酬考核机制长期化工作；三是要求金融租赁公司加强自身建设，提高对租赁物的综合管理能力，降低对担保措施的依赖程度，培养自身租赁业务的专业化水平，逐步降低售后回租业务比重，真正实现与银行的差异化竞争。

（五）租赁国际会计准则修订和巴塞尔协议Ⅲ对融资租赁业的影响探讨

1. 租赁国际会计准则修订内容

2010 年 8 月，国际会计准则理事会（IASB）和财务会计准则委员会（FASB）联合发布了最新租赁国际会计准则的征求意见稿。新准则不再区分融资租赁和经营租赁，彻底改变了现有租赁会计处理方式。

（1）承租人会计处理方式的变动

在旧准则里，承租人需要区分融资租赁和经营租赁，对融资租赁资产，一边确认租入固定资产，另一边确认应付租赁款负债；对经营租赁既不需要在表内确认租赁资产也不需要在表内确认租赁负债，只需要在会计报表附注中进行披露。

而新准则里不再区分融资租赁和经营租赁，承租人在初始确认时需要按照其应付租赁款现值一边在资产方确认使用权资产，另一边在负债方确认应付租赁款负债。对使用权资产和应付租赁款负债均采用摊余成本进行后续计量，其中使用权资产应按租赁年限进行直线折旧，而应付租赁款负债应按照实际利率法计提利息费用。

（2）出租人会计处理方式的变动

在旧准则里，出租人也需要区分融资租赁和经营租赁，对融资租赁资产不在表内确认固定资产，仅确认未担保余值和应收租赁款；对经营租赁标的物在表内确认固定资产，不确认应收租赁款。

而新准则不再区分融资租赁和经营租赁，但需要判断租赁标的物的重大风险和报酬是否已转移给承租人。如果租赁标的物的重大风险和报酬已转移给承租人，出租人需要使用终止确认法来计量；如果租赁标的物的重大风险和报酬未转移给承租人仍保留在出租人，出租人需要使用履约负债法来计量。这种区分有点类似于老准则里融资租赁和经营租赁的区分。

终止确认法将租赁行为视同出租人向承租人转移了部分租赁标的物，因此要求出租人在初始确认时按照应收租赁款的现值分别确认应收融资租赁款和固定资产销售收入，同时确认固定资产销售成本并相应减计一定比例的固定资产。具体比例为应收租赁款的现值和租赁标的物公允价值之比。在后续计量中对应收租赁款资产按照实际利率法计提利息收入。

履约负债法要求出租人在初始确认时将租赁标的物在表内确认固定资产，同时按照应收租赁款的现值分别在表内确认应收融资租赁款和履约负债，这三者以净额列报在资产方。在后续计量中应对固定资产进行直线折旧，对履约负债按照合适方法在租赁期内摊销确认租赁收入，对应收租赁款资产按照实际利率法计提利息收入。

2. 租赁国际会计准则的修订对融资租赁业影响的思考

（1）对承租人的影响

租赁国际会计准则的修订对承租人影响较大，主要体现在经营租赁会计处理的变更上。在老准则下，承租人的经营租赁不需要在表内确认资产和负债，而新准则要求承租人按照其应付租赁款现值确认使用权资产和应付租赁款负债。这意味着承租人付息负债和杠杆率的增加。根据全球3000家企业的财务报表附注中有关经营租赁的披露，普华永道和鹿特丹管理学院联合对租赁会计准则变更可能造成的财务指标的变动进行了定量研究，其研究成果显示，3000家企业的付息负债平均上升了58%[①]。

此外新准则要求用实际利率法来计量租赁负债，还要求企业定期更新对租赁期限和或有租金的估计，这些要求将大大增加承租人会计处理的复杂程度和实施成本。

有鉴于此，不少人士担心会计准则的变更会导致经营租赁业务的萎缩。但我们认为，会计准则的变更不会导致经营租赁业务的大幅度下降，理由如下：

第一，虽然会计准则的变更使得经营租赁丧失了其不增加表内负债的优势，但相比其他设备融资方式，比如融资租赁或贷款购买，经营租赁仍然是最灵活、对承租人财务报表影响最小的一种方式。对于那些有真实需求的承租人来说，依然会选择经营租赁来进行设备融资。

第二，对于上市公司和很多大型企业来说，会计准则的变更基本没有影响。因为这些企业的财务报表使用人员，如投资者或分析师在旧准则下习惯利用财务报表附注中披露的经营租赁信息来调整其财务报表，将表外的经营租赁负债调整后计入表内来计算相关财务指标，而这也是这次会计准则变更的主要内容。

（2）对出租人的影响

相对承租人而言，新租赁会计准则对出租人影响较小。新准则下终止确认法同旧准则下融资租赁会计处理方式基本相似，其适用情形也类似于旧准则下融资租赁；新准则下履约负债法适用情形类似于旧准则下经营租赁，其会计处理也类似于旧准则下经营租赁的方式，但增加了在表内确认应收融资租赁款资产和履约负债。由于这二者以净额方式在资产负债表内列报，因此

---

① EUROMONEY：World Leasing Yearbook 2011。

相比旧准则，并未引起资产负债规模和结构的大变动。

杠杆租赁在新准则下不再享受扣除租赁借款后净额列报的待遇，因此在新准则下，杠杆租赁业务资产规模会变大，对于银行系金融租赁公司来说，意味着更多的风险资产和更高的资本要求。

3. 巴塞尔协议Ⅲ对融资租赁业的影响

巴塞尔协议Ⅲ主要增加了对银行的资本充足率要求，增加了对银行资本质量和构成的要求以及对流动性的要求。其中对银行资本充足率要求从8%提升至10.5%。而流动性方面的要求主要是引入了净稳定融资比例要求和流动性覆盖率要求。

2012年6月7日，中国银监会正式发布了中国版巴塞尔协议Ⅲ的《商业银行资本管理办法（试行）》，要求各金融机构从2013年起执行。对此，银行系租赁公司作为母银行的被并表机构也需要执行巴塞尔协议Ⅲ，所以银行系租赁公司亟待提高其资本充足率和资本质量，建立完善其资本补充机制。净稳定融资比例要求金融机构一年期以上的资产负债必须匹配，对于银行系租赁公司来说要满足这一比例，意味着其必须增加金融债、资产证券化等中长期负债渠道而不能只依靠母行借款。

参 考 文 献

［1］李鲁阳．融资租赁若干问题研究和借鉴［M］．北京：当代中国出版社，2007．

［2］Sudhir P. Amembal. 国际租赁完全指南［M］．李命志，等，译．北京：北京大学出版社，2007．

［3］王涵生．金融租赁国际比较研究［M］．北京：中国金融出版社，2011．

［4］高圣平，钱晓晨．中国融资租赁现状与发展战略［M］．北京：中信出版社，2012．

［5］史树林，乐沸涛．融资租赁制度概论［M］．北京：中信出版社，2012．

［6］刘凤连，莫燕霞．美国现代融资租赁业的发展及其对我国的借鉴［D］．上海：华东师范大学，2004．

［7］徐立玲．美日韩融资租赁业发展对我国的启示［D］．河北：河北师范大学，2010．

［8］王志伟．论我国融资租赁业的发展［J］．经济论坛，2006（1）．

［9］梁美容．中美文化差异对融资租赁业的影响及思考［J］．中国对外贸易，2010（14）．

［10］郭文玲．国外融资租赁业务发展比较研究［J］．现代商业，2010（15）．

［11］刘彦博．关于融资租赁合同相关的法律问题研究［J］．城市建设理论研究（电子版），2011（21）．

［12］刘澜飚．2011年中国金融租赁行业发展报告［R］．天津：南开大学中国金融租赁研究中心，2012．

［13］Ed White. WHITE CLARKE GLOBAL LEASING REPORT［R］．

2008 – 2012.

［14］ White Clarke Group. United States Asset and Auto Finance Country Survey ［R］. 2012.

［15］ EUROMONEY. World Leasing Yearbook 2011 ［R］. 2011.

［16］ ELFA. 2012 Survey of Equipment Finance Activity ［R］. 2012.

我国金融租赁业风险管理研究

课题委托方

上海新金融研究院创始理事单位：农银金融租赁
有限公司

课题负责人

凌　涛：上海新金融研究院学术顾问、中国人民
银行上海总部副主任

课题组成员

杜要忠：中国人民银行上海总部金融稳定部副主任

庄　伟：中国人民银行上海总部金融稳定部体制改革处处长

周正清：中国人民银行上海总部金融稳定部

瞿士杰：中国人民银行上海总部金融稳定部

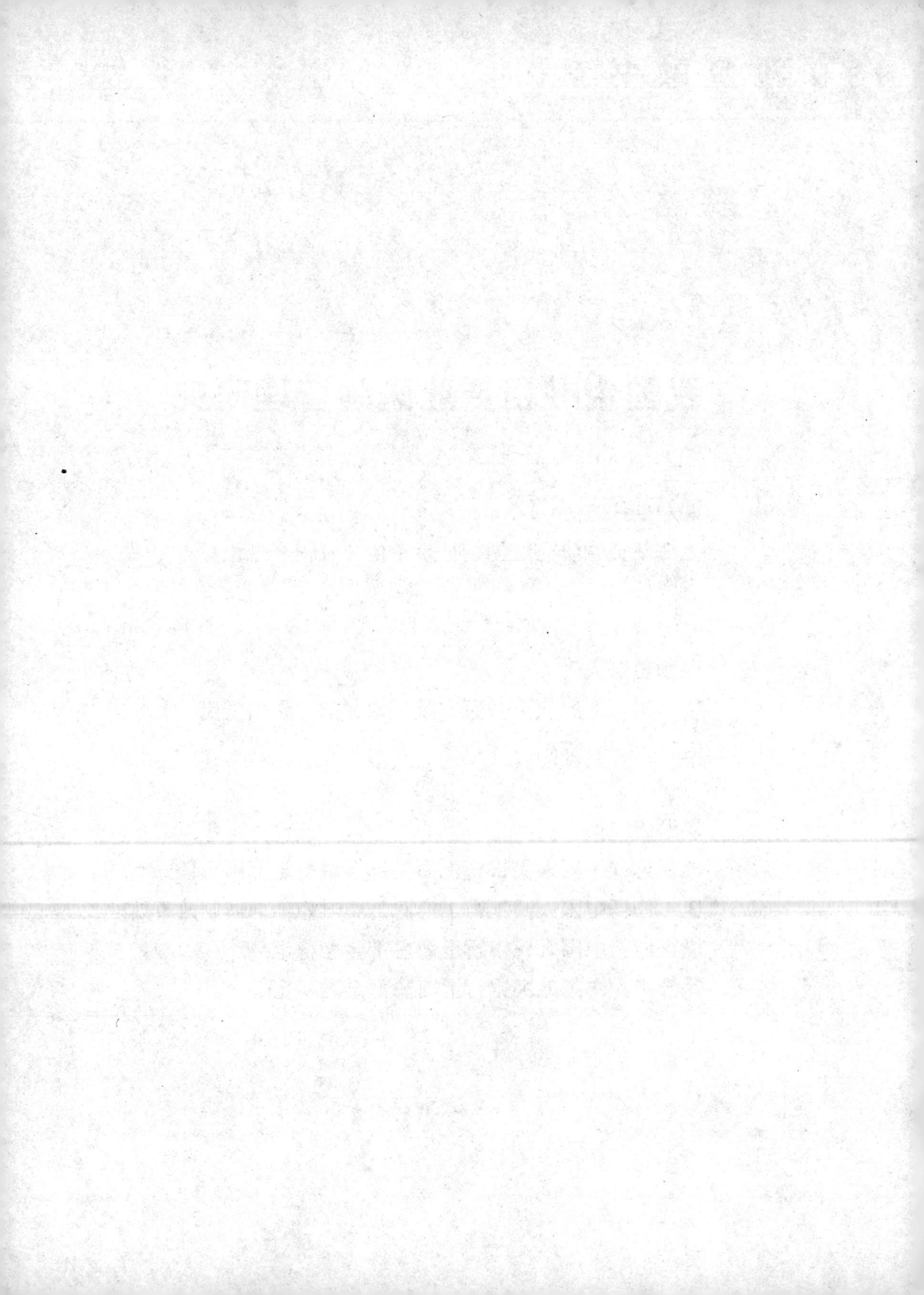

一、金融租赁理论简述

金融租赁于 20 世纪 50 年代诞生于美国，1952 年美国租赁公司（现更名为美国国际租赁公司）的成立开创了现代租赁的先河。金融租赁业务的初衷是帮助企业扩大销售，允许客户以租赁的方式分期支付租金，刺激对设备的购买。20 世纪 60 年代，日本、英国、法国等国家也出现金融租赁公司，自此，金融租赁逐步在全球推广。如今，在全球资本市场，金融租赁成为连接金融、商业和产业资本的纽带，在发达国家已成为仅次于银行信贷的第二大融资方式。

（一）金融租赁的定义

在我国，金融租赁起步于 20 世纪 80 年代，由中国国际信托投资公司、北京机电设备公司和日本东方租赁公司共同出资创建的中国东方租赁有限公司，是我国第一家融资租赁公司。从完全陌生到逐步认可，国内对金融租赁的认识发生着转变，金融租赁不再仅仅是变相贷款，而是集融资融物、产品促销和资产管理于一身的新型金融模式，是金融业发展到特定阶段的必然产物。随着业务的发展和理念的转变，法律和监管层面对金融租赁业务的定义趋于统一。1999 年，《中华人民共和国合同法》的颁布成为首部对融资租赁明确定义的法律。按照《合同法》的定义："融资租赁合同是出租人根据承租人对出卖人、租赁物的选择，向出卖人购买租赁物，提供给承租人使用，承租人支付租金的合同。"

作为我国融资租赁行业的主要监管部门，银监会和商务部对融资租赁的定义均遵循《合同法》。银监会《金融租赁公司管理办法》规定："融资租赁，是指出租人根据承租人对租赁物和供货人的选择或认可，将其从供货人处取得的租赁物按合同约定出租给承租人占有、使用，向承租人收取租金的交易活动。"商务部《外商投资租赁业管理办法》规定："融资租赁业务系指出租人根据承租人对出卖人、租赁物的选择，向出卖人购买租赁财产，提供给承租人使用，并向承租人收取租金的业务。"

由于历史原因和监管部门差异，融资租赁行业出现金融租赁和融资租赁并存的现象，即银监会（原人民银行监管）监管下的以从事融资租赁业务为主的非银行金融机构，以及商务部（原外经贸部监管）监管下的专门从事融资租赁业务的机构。由于监管部门和市场准入的不同，金融租赁和融资租赁公司在业务范围、监管要求等方面存在较大差异，即金融租赁公司享有金融牌照，获准开展金融业务，可经营业务范围更广，但在出资人资格、关联交易、售后回租业务等方面面临更为严格的监管要求（见表1-1）。因此，金融租赁公司实质是以开展融资租赁业务为主、享有金融经营权的非银行金融机构。

表1-1　　　　　　　　　　金融租赁与融资租赁监管比较

	金融租赁	融资租赁
对融资租赁的定义	出租人根据承租人对租赁物和供货人的选择或认可，将其从供货人处取得的租赁物按合同约定出租给承租人占有、使用，向承租人收取租金的交易活动。	出租人根据承租人对出卖人、租赁物的选择，向出卖人购买租赁财产，提供给承租人使用，并向承租人收取租金的业务。
出资人资格	主要出资人应为商业银行、租赁公司、主营业务为制造适合融资租赁交易产品的大型企业及其他银监会认可的金融机构。	限制较少，仅要求外国投资者的总资产不得低于500万美元。
最低注册资本	1亿元人民币。	1000万美元。
风险处置	依法托管或督促重组、批准解散或撤销、向法院申请破产等。	按照相关法律法规处理。
可经营业务范围	融资租赁业务；吸收股东1年期（含）以上定期存款；接受承租人的租赁保证金；向商业银行转让应收租赁款；经批准发行金融债券；同业拆借、向金融机构借款等。	限于融资租赁相关业务，不得开展金融业务。
关联交易	建立关联交易的识别、审批和报告制度。	无此类监管要求。
售后回租	要求真正实现合格租赁标的物的买卖及租赁，防止把售后回租业务做成贷款。	无此类监管要求。
监管指标	资本充足率：资本净额不得低于风险加权资产的8%；单一客户融资集中度：不得超过资本净额的30%；单一客户关联度：不得超过资本净额的30%；集团客户关联度：不得超过资本净额的50%；同业拆借比例：不得超过资本净额的100%。	资本充足率：风险资产一般不得超过净资产总额的10倍。

（二）金融租赁的特征

按照我国的现行法律和监管体系，金融租赁（业务流程见图1-1）主要具有以下特征：一是金融租赁是由出租方融通资金为承租方提供所需设备，具有融资、融物双重作用；二是金融租赁主要涉及出租人、承租人和出卖人三方当事人，由两个或两个以上合同（购买合同和租赁合同）构成；三是租赁期间，出租人享有租赁物的所有权，承租人享有占有、使用和收益权，并按照租赁合同约定分期向出租人交付租金；四是租赁期届满时，出租人和承租人约定租赁物的归属，没有约定或约定不明确的，租赁物所有权归出租人。

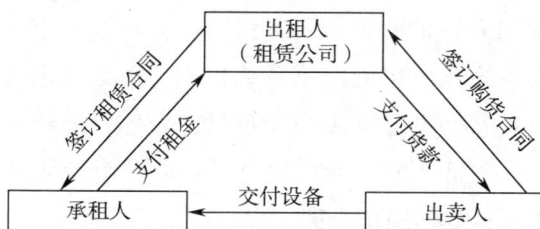

图1-1　金融租赁业务流程图

（三）金融租赁的形式

当前，我国金融租赁业尚处于初步发展阶段，租赁形式较为简单，主要包括直接租赁、售后回租、转租赁和杠杆租赁。直接租赁是最基本的租赁形式，指由承租人根据自身需要选择租赁设备，出租人通过对租赁项目风险评估后购买并出租设备供承租人占有、使用。

售后回租（业务流程见图1-2）是指设备所有人将设备出售给出租人获得价款后，再以承租人的身份从出租人处租回设备以供使用，在租赁期届满后支付残值重新获得设备的所有权。售后回租是一种特殊的金融租赁，业务只涉及两方，即企业和租赁公司，其中企业同时充当出卖人和承租人角色。涉及两个合同：企业与租赁公司签订的买卖合同以及企业和租赁公司签订的租赁合同。企业将自己拥有的并需要使用的机器设备出售给租赁公司，再以支付租金的形式租回。通过售后回租，企业可以在确保继续使用设备的情况下，得到一大笔流动资金，用于投资或偿还债务。

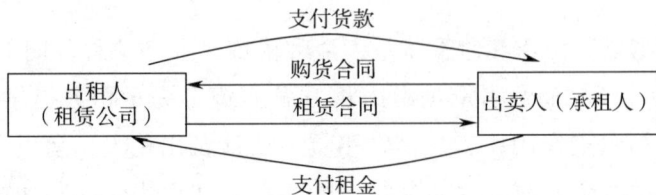

图1-2　售后回租业务流程图

转租赁（业务流程见图1-3）是指出租人先作为承租人（第一承租人）向其他租赁机构租入设备，再以出租人的身份将设备租赁给需要该设备的其他承租人（第二承租人）的一种租赁方式。业务涉及四个当事人，即设备供应商、第一出租人、第二出租人即第一承租人、第二承租人。需签订三个合同：作为第一出租人的租赁公司A与设备供应商签订的购货合同；租赁公司A与第一承租人租赁公司B签订的租赁合同；以及由租赁公司B作为第二出租人与第二承租人签订的转租赁合同。

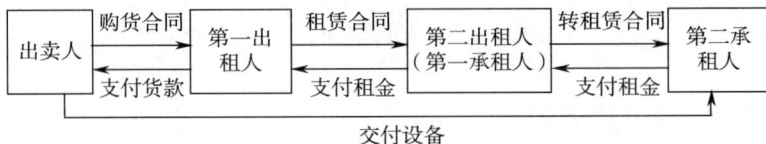

图1-3　转租赁业务流程图

杠杆租赁（业务流程见图1-4），又称为第三者权益租赁，是介于承租人、出租人及贷款人之间的三方协定。由出租人（通常是租赁公司）承担部分资金，加上贷款人提供的资金，供承租人购买所需设备，并交由承租人使用。在杠杆租赁中，出租人通常仅提供其中20%~40%的资金，贷款人则提供60%~80%的资金。租赁公司既是出租人又是借款人，既要收取租金又要支付债务。鉴于出租人借款购置设备出租获得财务杠杆利益，因此被称为杠杆租赁。杠杆租赁为各参与方都带来益处。对出租人而言，只需出小部分资金就可获得设备的所有权，获得租赁收入和残值收入等好处。对于承租人而言，可以加快筹集资金所耗费的时间、人力，获得所需设备的使用权。对于贷款人而言，由于得到了贷款总额设备的第一抵押权、租赁合同、租金收益权及保险权益作为抵押和保证，收回货款有了保障。

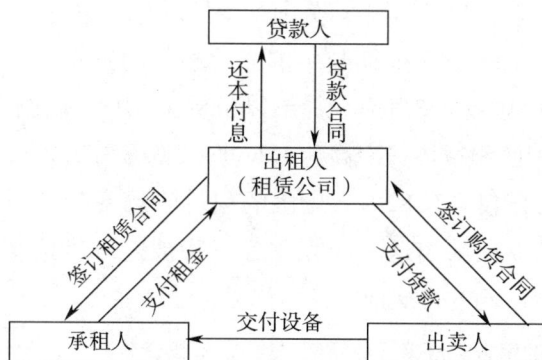

图1-4 杠杆租赁业务流程图

（四）金融租赁的发展概况

金融租赁作为设备投资和销售的重要渠道，结合了融资、融物、促销、资产管理等功能，在发达国家已被广泛接受。全球融资租赁业总体上呈现出波浪式上升的态势，根据《国际融资租赁年鉴》的数据，1990年至2007年的18年间，全球融资租赁交易额从3316亿美元增长至7804亿美元，年均复合增长率为4.87%。其间，融资租赁交易额受世界经济波动影响，每次均受到一到两年的冲击，随后均呈现出迅速恢复并创出新高的态势。此次全球金融危机对融资租赁业的快速发展产生了制约，最严重的影响体现在2009年。当年全球GDP下降0.58%，全球融资租赁交易额则从2008年的7328亿美元下降至5573亿美元，回落24.95个百分点，经历了急剧的去杠杆化过程。全球融资租赁对经济景气程度高度敏感，主要源于融资租赁交易额集中在机械设备等代表新增产能和新增需求的设备投资上，当经济增长出现波动，新增生产能力会随着总需求下降而受到抑制。但一旦经济回暖，融资租赁交易额会随之迅速上升。美国设备租赁和融资协会（Equipment Leasing and Finance Association，ELFA）公布的MLFI-25（反映美国的资本支出、商业设备金融的金融指标）样本企业新增业务总量从2009年的低点545亿美元回升至2011年的740亿美元，增幅为35.78%，基本恢复到危机前水平。

经过多年的发展探索，金融租赁在全球已成为一种较为成熟的融资模式

（各国2009年的租赁渗透率见表1-2和表1-3）。从国际通用的评价租赁业务发展水平的指标来看，2009年，美国、德国的租赁渗透率（租赁额/社会设备投资总额）均在10%以上。而与中国文化相近的日本，租赁渗透率也达到7%，相比而言，中国仅有3.1%。如果以租赁额/GDP来比较各国租赁渗透率的话，2009年德国的租赁渗透率高达1.66%，美国为1.23%，日本也达到了1.05%，中国渗透率仅有0.82%。中国的租赁渗透率与美国等租赁发达国家存在显著差距，这既反映出这一新兴业务有待被进一步接受和认同，也预示着中国金融租赁业广阔的发展前景。

表1-2　各国的租赁渗透率（租赁额/社会设备投资总额）（2009年）

单位：10亿美元,%

排名	国家	年租赁额	渗透率	排名	国家	年租赁额	渗透率
1	葡萄牙	4.71	18.6	26	希腊	2.49	5.8
2	英国	14.69	17.6	27	罗马尼亚	1.58	4.9
3	瑞典	8.04	17.5	28	韩国	6.44	4.4
4	美国	173.9	17.1	29	俄罗斯	8.87	4.1
5	挪威	5.38	17.1	30	伊朗	1.4	4
6	斯洛文尼亚	1.26	16	31	土耳其	1.93	3.7
7	丹麦	5.5	15.4	32	西班牙	7.88	3.6
8	摩洛哥	1.58	15.1	33	中国台湾	0.69	3.5
9	爱沙尼亚	0.57	14.8	34	中国	41.01	3.1
10	加拿大	13.05	14	35	哈萨克斯坦	0.72	2.1
11	德国	55.3	13.9	36	波兰	7.04	0.6
12	意大利	26.78	13.1	37	巴西	23.31	—
13	芬兰	2.79	12.8	38	墨西哥	3.83	—
14	奥地利	6.34	12.6	39	南非	2.79	—
15	匈牙利	2.32	11.6	40	智利	2.55	—
16	斯洛伐克	1.21	11.2	41	秘鲁	2.2	—
17	瑞士	5.34	10.6	42	哥伦比亚	1.3	—
18	捷克	2.49	10.2	43	爱尔兰	1.15	—
19	法国	31.84	10	44	埃及	0.66	—
20	澳大利亚	6.03	10	45	尼日利亚	0.64	—
21	拉脱维亚	0.36	8.1	46	塞尔维亚和黑山	0.49	—
22	保加利亚	0.94	7.9	47	阿根廷	0.45	—
23	比利时	5.39	7.1	48	新西兰	0.44	—
24	日本	53.25	7	49	波多黎各	0.4	—
25	荷兰	7.69	6.1	50	菲律宾	0.32	—

资料来源：世界租赁年鉴2011，安信证券研究中心。

表1－3　　　　各国的租赁渗透率（租赁额／GDP）（2009）　　　单位：%

排名	国家	2009	2008	2007	排名	国家	2009	2008	2007
1	爱沙尼亚	2.95	7.01	8.66	26	日本	1.05	1.36	1.44
2	斯洛文尼亚	2.59	3.97	5.25	27	罗马尼亚	0.98	3.16	4.6
3	葡萄牙	2.02	2.37	2.77	28	加拿大	0.98	1.23	1.76
4	保加利亚	2	5.69	5.5	29	南非	0.97	—	—
5	瑞典	1.98	2.18	2.68	30	荷兰	0.97	1.05	1.49
6	匈牙利	1.79	3.58	5.43	31	中国	0.82	0.48	0.18
7	丹麦	1.77	2.47	2.7	32	韩国	0.77	0.85	1.07
8	秘鲁	1.74	1.13	0.9	33	希腊	0.75	1.04	0.66
9	摩洛哥	1.73	1.9	2.01	34	俄罗斯	0.72	1.48	2.64
10	奥地利	1.66	2.11	2.67	35	英国	0.67	0.72	0.87
11	德国	1.66	1.95	2.42	36	哈萨克斯坦	0.67	—	—
12	波兰	1.63	2.37	3.21	37	澳大利亚	0.61	0.61	1.16
13	智利	1.58	1.41	0.62	38	卢森堡	0.57	0.96	1.13
14	巴西	1.48	2.88	2.18	39	哥伦比亚	0.56	2.37	1.53
15	挪威	1.42	1.64	2.15	40	西班牙	0.54	1.06	2.1
16	拉脱维亚	1.39	4.47	6.26	41	爱尔兰	0.52	0.63	0.67
17	斯洛伐克	1.37	2.57	3.87	42	厄瓜多尔	0.49	—	—
18	捷克	1.31	2.93	4.28	43	墨西哥	0.44	0.33	0.42
19	意大利	1.26	1.71	2.15	44	伊朗	0.43	—	—
20	美国	1.23	0.76	1.36	45	尼日利亚	0.38	1.19	1.25
21	法国	1.2	1.4	1.74	46	新西兰	0.37	0.52	0.54
22	芬兰	1.17	1.04	1.24	47	埃及	0.35	0.42	0.42
23	比利时	1.14	1.33	1.58	48	土耳其	0.31	0.65	1.16
24	塞尔维亚和黑山	1.14	3.92	5.17	49	乌克兰	0.26	0.7	1.97
25	瑞士	1.09	2.18	2.69	50	菲律宾	0.2	—	—

资料来源：世界租赁年鉴2011，安信证券研究中心。

（五）发展金融租赁的意义

1. 宏观层面

（1）平抑宏观经济波动。当金融租赁业务达到一定规模时，宏观管理当局可利用金融租赁融资和融物于一身的特点进行适度调控。在投资消费旺盛、经济繁荣时期，通过控制融物的条件，抑制过度、重复和不合理的投资和消费；在投资消费不足、经济萧条时期，通过放松融资的限制，达到扩大投资刺激消费的目的。

（2）推动产业结构调整和技术升级。资金有如经济的血脉，而信贷投放则引导着资源在重点和新兴产业的有效配置。在经济结构转型的大背景下，融资租赁作为银行信贷的重要补充，伴随着科技发展和技术进步，不仅能提供必要的资金支持，更能为科技创新、节能环保、战略性新兴产业企业提供急需的技术和设备，对产业结构调整和升级起到牵引作用，有效配合我国经济结构调整战略的实施。近年来，金融租赁公司不断加大在节能减排、绿色能源、公共交通、先进制造业等领域的投入力度，按照国家宏观调控政策和产业结构调整战略，积极支持国家重点行业的发展。

（3）规避贸易和技术壁垒，缓解贸易摩擦。随着国际市场一体化进程的不断深化，各国出于保护本国产业规模和竞争优势的考虑，对高新技术产品出口设置了种种限制。由于融资租赁不转移租赁物所有权，不属于技术出口范畴，采用融资租赁引进先进技术和设备，能有效规避这类技术壁垒，实现设备更新和技术改革，提高企业运营能力。此外，融资租赁可以改善贸易模式，扩大进口规模，有利于缓解因大额顺差引发的贸易摩擦。

2. 微观层面

（1）降低中小企业的融资门槛。与大型国有企业和地方政府融资平台相比，中小企业规模小、抗风险能力弱、缺少过往信用记录，在获得银行信贷方面处于劣势，阻碍其进一步拓展市场和业务。在大力推动金融支持中小企业发展的背景下，融资租赁作为基于资产信用的融资方式，一定程度上规避了中小企业信用风险"难识别、难控制、难防范"的障碍，对支持中小企业发展、促进就业具有重要作用。由于融资租赁不转移租赁物的所有权、贷前审查更注重企业未来盈利能力，且租赁物主要是通用性强的设备，能有效降低租赁企业面临的信用风险，从而提升中小企业的资金和设备的可得性，有利于解决其融资难问题。截至2011年9月末，我国金融租赁公司针对中小企业租赁业务的累计投入接近1000亿元，部分公司还设计开发了专门面向中小企业、个体工商户的租赁产品（如供应商租赁），有力地支持了中小企业发展。

（2）拉动产品销售和扩大市场份额。国际上，利用融资租赁向客户购置产品融通资金，从而带动产品销售已成为成熟的金融促进实体经济发展模式。国际著名的制造企业依托集团的租赁公司开展推销产品，争夺新兴市场。对我国企业而言，加强金融租赁与制造业的合作，将为新兴行业和优势产业企业扩大国内外需求、开拓市场提供重要途径，有利于提升企业的国际知名度和竞争力。截至 2011 年 9 月，我国金融租赁公司已在船舶和工程机械的制造与销售领域发挥了重要作用，投资余额分别达到 373 亿元和 278 亿元，有力地促进了优势制造业的发展。

（3）优化企业资产负债结构。对设备生产企业而言，从设备出售到账款回收需经历较长周期，体现为很高的资产负债比率，对企业收益率指标和再融资产生负面影响。通过设立专门的融资租赁公司或与金融租赁公司合作，应收账款项转为回购担保项，从表内转移至表外，成为融资租赁公司的应收租赁款，起到降低资产负债规模，提升收益率指标的效果。

（4）促进商业银行综合经营。近年来，为优化利润构成和分散经营风险，商业银行不断开拓新的业务领域，开发各类产品，中间业务收入和利润占比稳步提高。而融资租赁业务为商业银行（集团）提供了全新的盈利模式，是其综合经营的有益探索，有助于其摆脱对信贷业务利润的过度依赖，平抑经济周期中信贷规模变动引致的利润波动。此外，形成业务联动，利用金融租赁业务带动商业银行的租金清算、汇划和结售汇等结算业务，信用证、保函、应收款保理等贸易融资业务，以及投资银行、个人理财等其他金融服务形成协同效应，提高集团的综合服务能力。

（5）提升品牌效应和客户满意度。随着客户金融需求的多元化，银行发展融资租赁业务，既能充分发挥商业银行网点密集、客户资源丰富的优势，又为客户提供了备选融资渠道，通过设计符合客户要求的融资租赁产品，巩固与高端和优质客户的关系，提升品牌知名度和客户忠诚度。

（6）有效控制资金流向。在融资租赁业务中，金融租赁公司作为出租人，按照承租人的意愿和要求购买相应的设备，融资最终转化为实业生产，从而更有利于监控资金的真实投向，防范资金挪用风险。

二、我国金融租赁业的发展历程

早在 20 世纪 80 年代初，伴随着引进外资和技术的强烈需求，我国的金融租赁业已经起步。30 年来，行业经历了从无序发展到严厉整顿、从收缩阵痛再到逐步恢复的过程，金融租赁经营和监管也在吸取历史经验教训的基础上不断走向成熟。近年来，随着业务需求的不断增长和监管部门的适度放松，整个行业面临又一轮快速发展期。

在金融租赁业曲折的发展历程中，经济周期波动对行业影响巨大，金融租赁业的顺周期性特征体现得非常明显。具体体现在：首先，资金来源的周期性。金融租赁公司的发展过于依赖商业银行这一资金来源，一旦经济下行，银行收紧对租赁公司的信贷，资金流难以为继。其次，金融租赁公司对客户的审查标准不一致。经济上行周期，各公司出于规模、利润的考虑，竞相放松对租赁客户的审查，风险管控措施流于形式，一旦宏观经济环境发生变化，那些资质较差的客户无法偿付租金，严重制约金融租赁公司现金流运转。再次，金融租赁公司的租赁物所涉及的行业多为强周期性行业，飞机、船舶、工程机械等行业的需求与宏观经济高度关联。最后，由于监管和内控缺位，部分金融租赁公司脱离主业，盲目涉足房地产业和资本市场，蒙受巨大损失。从历史上看，我国金融租赁业的周期性波动远比经济增长波动剧烈，从急速发展到濒临崩溃，其中缘由值得深思。

总体而言，金融租赁业的历史发展特点可以归纳为：起步较早、发展较快、偏离较远、整顿较严。按阶段划分，主要分为快速成长和发展时期、行业整顿和清理时期、法制建设和规范时期以及再度扩张和迅速发展时期四个时期。

（一）金融租赁业发展的主要时期

1. 快速成长和发展时期（1981—1987 年）

1981 年 4 月，由中国国际信托投资公司、北京机电设备公司和日本东方租赁公司共同出资创建中国东方租赁有限公司，成为我国现代金融租赁业开始的标志。当时正值改革开放初期，大力引入外资和先进技术支持国内的技术改革是我国的基本国策，金融租赁业由于具备融资和融物的双重作用，受到了中央和地方政府的重视和保护，行业规模在政策扶持下迅速发展。当时我国经济行为的主体还是各级政府部门，租赁项目的租金由各级政府提供担保，违约风险很小。这一阶段，一批世界级银行和租赁公司通过出资成立中外合资租赁公司抢占中国市场，具体代表有东京三菱银行、日本租赁公司、西门子公司等，外资的进入极大地推动了租赁行业的形成，租赁公司数量和规模处于迅速发展阶段。总体而言，这一时期的金融租赁更为侧重于融资功能，与银行贷款存在很强的替代性，对项目审查、担保的要求都与贷款程序相同。

2. 行业整顿和清理时期（1988—1998 年）

1988 年 6 月 20 日，最高人民法院公布《关于贯彻执行〈中华人民共和国民法通则〉若干问题的意见（试行）的通知》，明确规定"国家机关不能担任保证人"。该条例的公布，意味着由政府公信维系的社会信用的瓦解，经济主体由政府部门转向企业，在企业尚未具备独立经济主体意识和信用体系不完备的情况下，金融租赁业出现全行业的租金拖欠问题，继而引发流动性风险。一是租赁公司由于无法正常回收租金，资金开始面临压力。二是银行逐步收紧了对租赁公司的信贷，租赁公司的重要资金来源受到抑制。三是伴随着日本经济陷入长期低迷，日方股东大规模撤出金融租赁业，对行业信心造成较大打击。

如果说信用环境不佳是行业由盛转衰的导火索，那么租赁公司缺乏内控机制、偏离主业则是行业最终难以为继的根源。当时的租赁公司尚未建立起完善的公司治理结构，存在总经理（或主要负责人）权力过大、缺乏约束的问题。这些负责人受到专业水平有限和外部不当激励的影响，在项目的决策上脱离审慎标准。此外，随着 20 世纪 90 年代初我国出现新一轮经济热潮，金融租赁公司为追求高收益，盲目涉足房地产和股市，蒙受巨大损失，甚至出现部分公司破产清算的局面。

这一时期金融租赁业基本处于整顿和清理债务的阶段，金融租赁公司大部分精力用在债务追索和法庭应诉方面，业务规模不断萎缩。

3. 法制建设和规范时期（1999—2007 年）

经历了十年的清理整顿的金融租赁业并未得到恢复与发展。截至 1999 年，我国有融资租赁资格的 40 家中外合资租赁公司和 12 家金融租赁公司资产余额仅 2.95 亿美元，全部公司注册资本金总计不足 40 亿元人民币（陈洁，2009）。1999 年，人民银行在河北秦皇岛召开融资租赁研讨会，决定借鉴国外发展经验，从完善法律、会计、监管、税收四大支柱入手，促进金融租赁业健康发展。从 1999 年起，我国陆续颁布了一系列涉及租赁业的法律和监管规章。其中，法律规章方面，《中华人民共和国合同法》于 1999 年 3 月颁布，成为首部单列"融资租赁"的法律；会计准则方面，《企业会计准则——租赁》于 2001 年 1 月 1 日生效，修订后的《企业会计准则第 21 号——租赁》于 2006 年 2 月 15 日生效；监管方面，人民银行发布《金融租赁公司管理办法》（2000 年 6 月 30 日生效），并对经营管理不善、严重脱离金融租赁主业的机构进行整顿。2000 年 8 月 3 日，人民银行撤销中国华阳租赁有限责任公司，收缴该机构的金融机构法人许可证、经营外汇业务许可证，对金融租赁行业发出警示。随后，广东国际租赁公司、武汉国际租赁公司、海南国际租赁公司三家金融租赁公司都随股东的破产、关闭而被清算。

经过一段时期的规范整顿，银监会于 2007 年颁布经修订的《金融租赁公司管理办法》，重新允许国内商业银行介入金融租赁行业，同时允许非金融机构股东创办的金融租赁公司申请金融业牌照。

而在此之前，商务部发布《外商投资租赁业管理办法》（2005 年 3 月 5 日生效），并于 2004 年 12 月宣布允许外商独资成立融资租赁公司，会同国税总局联合批准 9 家内资融资租赁试点公司。自此，金融租赁公司、外资租赁公司和内资租赁公司三足鼎立的态势最终确立，我国租赁业也在规范过程中逐步恢复活力。

4. 再度扩张和迅速发展时期（2007 年以后）

随着法律监管体系的逐步完善，金融租赁公司近年来迅速发展，依靠资金优势、客户渠道和品牌效应，业务规模和利润大幅提高，逐步占据市场主导地位。根据中国金融租赁联盟公布的数据，2010 年，金融租赁公司的融资租赁额为 3500 亿元，与 2007 年的 130 亿元规模相比，年复合增长率约为 200%。

（二）发展过程中存在的主要问题和风险

金融租赁的曲折发展历程既有来自外部环境的原因，如信用环境较差、法律制度不健全等，也有其自身融资渠道狭窄、风险管理意识和能力较弱等原因。

1. 外部原因

（1）社会信用意识和制度基础薄弱。20 世纪 90 年代，在紧缩银根的宏观政策背景下，企业违约现象较为普遍。一方面，由于征信体系不完善，违约成本过低，承租企业在难以获得信贷的情况下，往往利用拖欠租金的方式渡过流动性难关。另一方面，地方政府也为本地企业违约提供保护，对金融租赁公司债权追索加以阻挠，助长了企业的不诚信行为。90 年代中后期，经济领域的"三角债"问题对金融租赁业造成很大的打击。

（2）监管制度不完善，存在多头监管下的监管竞争和监管套利。由于历史原因，我国融资租赁业始终处于多头监管下。由于不同种类的租赁公司分属于不同的主管部门审批管理，而各主管部门从不同的角度来规定解释租赁公司的行为准则，带有强烈的部门色彩和局限性，而具有倾向性的扶持政策使整个租赁业处于无序竞争状态。尤其是部分具有金融经营权的金融租赁公司，在获得资金后脱离主业，投入房地产或高息揽储，对整个行业造成了不好的示范效应。

（3）法律制度不健全，企业维权成本高。一是混淆融资租赁与贷款行为。在 20 世纪 90 年代的司法实践中，由于缺乏法律条款对融资租赁和贷款进行明确区分，不少判例认为租赁公司与承租企业是借贷关系，尤其是售后回租形式的融资租赁，租赁公司往往败诉。理由是由于租赁公司是企业，企业之间不能相互借贷，因此租赁合同属于非法。二是对租赁公司享有的物件所有权保护不力。按照《合同法》的规定，承租人破产的，租赁物不属于破产财产，因此不属于破产清算的范畴。但在该法律颁布前，租赁物的所有权归属模糊不清，在承租企业债务重组或破产清算过程中，租赁物常被用来偿还债权，出租企业维权难度大、成本高。

2. 内部原因

（1）资金实力不足，融资渠道狭窄。商业银行在金融租赁公司的发展过程中起到重要作用，不仅提供了广泛的资金来源，还能有效降低租赁公司的资金成本。20世纪80年代中期，国内商业银行借助其信托投资公司或通过参股的融资租赁公司开展融资租赁业务。但由于对融资租赁的理解和定位存在偏差，租赁业务成为转贷业务，在对资金流向缺乏监控的情况下，资金流向项目条件不佳的企业，租赁公司资产质量恶化。80年代末，监管当局要求银行停止直接或参股经营融资租赁业务，自此商业银行逐步从此项业务退出。《商业银行法》也明确限制商业银行向非金融机构投资。随着华阳金融租赁公司成为第一家被撤销的金融租赁公司，银行不再向任何金融租赁公司提供贷款。金融租赁公司的主要资金渠道即银行贷款和股本金受到抑制，难以获得融资，后续资金难以为继，流动性风险凸显出来。

（2）风险管理意识和能力薄弱。一是在行政担保的背景下，租赁公司缺乏信用风险管理意识。我国金融租赁业始于计划经济体制时期，行政扶持色彩浓厚。20世纪80年代，为促进金融租赁业务的发展，地方政府对承租企业提供担保，从而构建起依托政府信用担保维系的社会信用。到了90年代，最高人民法院规定"国家机关不能担任保证人"，经济主体逐步由政府部门转向企业。随着政府担保的取消，承租企业普遍出现拖欠租金的情况，租金拖欠造成租赁公司资金周转严重困难，不良资产率快速上升，持续经营能力受到很大影响。二是风险管理能力薄弱。当时的金融租赁公司普遍缺乏完善的治理结构，多数公司未设置专门的风险管理委员会，租赁项目的决策无须前期风险评估，也没有后期项目跟踪的意识和机制，主要负责人的决策权力缺乏约束。到90年代初期更是发展为严重偏离租赁业务，将资金大量投资于房地产、股票和期货，积累大量风险。如已停业的海南国际租赁公司，在开业期间只做过一笔租赁业务，租赁业务名存实亡，其他业务均投向房地产和高息揽储业务。

（3）控股股东通过不当关联交易，进行利益输送。一方面，金融租赁公司为规避业务风险，尽可能与关系密切的股东或其他关联方开展业务，造成风险过度集中。另一方面，少数租赁公司被个别企业股东控制，成为大股东的融资工具，引发较大的金融风险。如深圳宝安集团通过控制武汉租赁公司，套取资金投资房地产项目，北大方正集团利用四川租赁公司套取资金投资成都高尔夫球场项目等。

专栏1

新世纪金融租赁公司的教训

新世纪金融租赁公司（以下简称新世纪租赁）于 1994 年 3 月在上海注册成立。2000 年 8 月德隆系关联企业控股该公司，2001 年 6 月注册资本增至 5 亿元，其中德隆系 7 家企业出资比例达 87.72%。由于公司在关联租赁业务交易、对外担保、证券投资、资金拆借等方面存在严重缺陷，成为德隆系的融资工具，造成资产巨大损失的同时，背负巨额负债和或有负债。截至 2005 年 3 月，新世纪租赁资产总计 4.12 亿元，负债总计 7.87 亿元，净资产为 -3.75 亿元。2007 年 3 月，新世纪租赁被上海市第一中级人民法院宣告破产。

1. 关联租赁业务

新世纪租赁按照实际控制人德隆国际战略投资有限公司（以下简称德隆国际）的安排，通过虚构的回租业务以及超越当时许可业务范围的租赁业务，将资金转移到德隆系的投资公司，借租赁之名行投资之实。截至 2005 年 3 月 11 日，金额较大的关联租赁交易 7 笔，涉及租金总额达 8.82 亿元，其中大部分未能收回，造成较大损失。业务存在的主要问题包括：一是未按照业务操作流程对承租人进行实地考察，对部分承租人甚至未进行财务和信用状况审查；二是授信审批流程流于形式，授信委员会并未真正对项目进行审核；三是以不良贷款（债权）作为租赁资产，违反中国人民银行 2000 年颁布的《金融租赁公司管理办法》第十九条"适用于融资租赁交易的租赁物为固定资产"的规定；四是未保留承租人收妥设备购买款后开具的收据或发票，设备购买款的实际去向和实际租金付款人难以核实；五是在购买租赁资产时未与卖方（承租人）办理资产交接手续和获取所购资产所有权转移等资料，不利于公司对租赁资产的管理和确认权属。

2. 对外担保

新世纪租赁在经营期间为德隆系关联企业提供了大量担保，截至 2005 年 3 月 11 日，对外担保余额 10.28 亿元，占资本总额的 203%，其中大部分为对关联企业提供的担保。对外担保前，新世纪租赁未对被担保方的财务、信用状况进行审查，部分担保事项甚至未按照程序经董事会表决，对外担保事项均由德隆国际安排。截至 2005 年 3 月 11 日，新世纪租赁因对外担保而承担担保责任的金额达 2.27 亿元，损失巨大。

3. 证券投资

新世纪租赁有价证券投资涉及金额较大，但公司未建立相关的内控制度。新世纪租赁 2002 年 6 月至 12 月间划入其在德恒证券开立的资金账户资金和证券总额近 2.5 亿元，其后未对账户进行管理和跟踪。直至 2004 年 3 月德隆危机在媒体曝光后，才发现账户内的资金和证券被德恒证券挪用和变卖，造成重大损失。

4. 资金拆借

2003 年，新世纪租赁违反《金融租赁公司管理办法》的业务范围限制，将从新疆金融租赁有限公司拆借来的 7000 万元资金暂借给公司股东上海西域实业投资有限公司，该笔款项最终未能收回。

5. 股东占用资金

截至 2005 年 3 月 11 日，公司的股东及关联方共计占用公司资金 5.08 亿元，超过公司的注册资本。

新世纪租赁的案例表明，金融租赁公司必须将业务重心放在租赁主业，按照租赁业务的特点设计相应的业务流程，而不应通过售后回租等形式大量提供类信贷服务，成为大股东的融资平台。新世纪租赁的教训是深刻的，对于当前的金融租赁公司而言，只有深入理解金融租赁的意义，精确定位客户群体，建立完善独立的信用审查流程，加强项目的后续跟踪审查，提升专业化水平和人才储备，才能真正做好金融租赁业务，历经经济和行业周期的考验生存并壮大。

三、我国金融租赁业现状分析

当前，由于历史原因和监管部门差异，我国融资租赁业的经营主体主要由三大部分组成：金融租赁公司、中外合资及外商独资融资租赁公司以及内资试点融资租赁公司，其中金融租赁公司由银监会监管，而其他两类则由商务部监管。近年来，随着融资租赁业的蓬勃发展，三类租赁公司的数目都在快速增长，而金融租赁公司由于具有金融经营权优势，发展态势更为迅猛。根据中国租赁联盟公布的数据（见图 3－1），2010 年金融租赁公司的融资租赁额为 3500 亿元，占全国融资租赁额的 50%；内资试点融资租赁公司的融资租赁额为 2200 亿元，占比为 31%；其余市场份额则由中外合资及外商独资融资租赁公司占据。

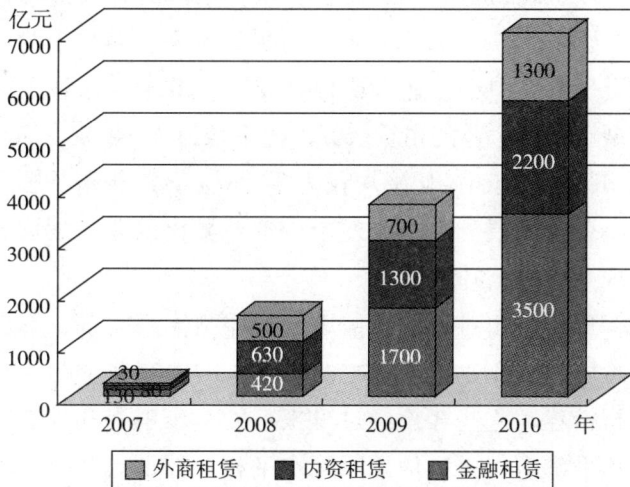

资料来源：中国租赁联盟、安信证券研究中心。

图 3－1　2007—2010 年金融租赁业规模

（一）租赁形式以售后回租和直接租赁为主

我国金融租赁业发展尚处初级阶段，租赁形式相对国外而言较为单一，以售后回租和直接租赁业务为主，转租赁、杠杆租赁等新型租赁业务比重不大。截至 2011 年 9 月末，17 家金融租赁公司售后回租项目余额占整个租赁资产的平均比例约为 65%，部分公司高达 80%，其余业务主要以直接租赁形式开展。售后回租业务的高比例，一是出于增值税抵扣的考虑，承租人先向设备制造商购入设备，可获得 17% 的增值税发票作为进项税额抵扣；二是银行系金融租赁公司在业务发展初期风险管控水平有待提高，较为依赖母银行的风险评价体系，将售后回租作为信贷产品的替代品和规避信贷调控的通道，金融租赁公司参照信贷流程开展租赁业务。

（二）客户和行业集中度较高，客户质量相对较优

当前，金融租赁公司客户和行业集中度普遍较高，并呈现不断向特定行业、客户集中的趋势，业务投放主要集中在航空、航运、机械设备、公用事业和能源设备等领域。截至 2011 年末，上海三家金融租赁公司（交银金融租赁有限公司、招银金融租赁有限公司、农银金融租赁有限公司）单一客户融资集中度①平均为 20.72%，高于商业银行平均水平。客户多为国有大型企业和地方政府融资平台，中小企业占比相对较低。2011 年末，上海三家金融租赁公司投向大型和中型企业的租赁余额占比平均为 72.44%，而投向小微企业（包括自然人）的租赁余额占比平均仅为 27.56%。随着租赁公司积极响应中央关于支持中小企业发展的要求，逐步探索差异化的业务发展路径，中小企业业务占比呈现一定的上升趋势。

总体上，客户质量相对较优，信用风险控制体系完备，不良资产率控制在低水平。现阶段，以商业银行为主要出资人的银行系金融租赁公司的客户主要来自母银行推荐。这些客户经过母银行的初步审查和筛选，无论从企业规模还是信誉水平都有保障，信用风险水平相对较低。截至 2011 年 9 月末，全国 17 家金融租赁公司平均不良资产率为 0.3%，拨备覆盖率超过 373%，资产状况明显优于银行业金融机构整体水平。

（三）资金来源基本稳定，长期资金来源匮乏

金融租赁公司依托母银行背景，通过母行与他行之间交叉授信的方式，

---

① 单一客户融资集中度 = 最大一家客户贷款总额/资本净额。

能从其他非股东银行获得稳定的低息贷款，有利于业务规模的逐步扩大。由于租赁业监管部门对经营融资租赁企业均有严格的资本充足要求①，更为稳定和多元化的资金来源意味着更大的业务规模和更快的市场占领。因此，拥有金融经营权的金融租赁公司可以通过同业借款进入同业拆借市场发行金融债融通资金，在资金数量和成本方面相比一般融资租赁公司占据优势。与短期资金的充裕形成对比的是，金融租赁公司长期资金渠道匮乏的问题较为突出。一方面，受到《金融租赁公司管理办法》关于吸收银行股东存款的限制，金融租赁公司只能从非股东银行获得期限较短的贷款，截至 2011 年末上海三家金融租赁公司负债项中银行借款平均占比为 84.09%，其中绝大部分借款的期限在一年以内。另一方面，金融债发行资格受限以及审批流程烦琐也影响了金融租赁公司的发债意愿和效果。

（四）不断开拓创新业务

随着经营实力的不断增强，金融租赁公司加大了产品和业务创新力度，满足多样化的市场需求。一是经营性租赁业务取得进展。按照苏迪尔·阿曼波的六阶段分析②，经营性租赁是租赁行业发展的较高层次，对租赁公司专业性要求很高。金融租赁公司在积累专业人才和知识的基础上，逐步拓展飞机船舶的经营租赁项目。二是境内特殊目的公司（SPV）业务模式日趋成熟。主要金融租赁公司均在综合保税区设立 SPV 公司，全面覆盖机船融资租赁和经营租赁业务。三是业务向国外拓展。通过在境外设立 SPV 租赁项目，为国内航空公司交付客机，实现降低进口关税的目的。四是与机械制造厂商合作，开拓面向小微企业和个人等终端用户的工程机械厂商直租模式及联合租赁模式。

---

① 商务部监管的融资租赁公司风险资产不得超过净资产总额的 10 倍，而金融租赁公司则需要满足更为严格的资本充足率、单一客户融资集中度、单一客户关联度、集团客户关联度等监管要求。

② 苏迪尔·阿曼波将融资租赁分为六阶段，即传统租赁阶段、简单金融租赁阶段、创新金融租赁阶段、资产经营性金融租赁阶段、金融租赁的新产品阶段以及金融租赁成熟阶段。（《国际租赁完全指南》）

（五） 盈利模式简单，议价能力不强

得益于业务规模的高速扩张，金融租赁公司近年来实现利润快速增长。截至2011年9月末，全国17家金融租赁公司实现营业收入113亿元，净利润49亿元，分别比上年同期增长82%和83%。鉴于租赁形式相对简单，金融租赁公司的盈利模式也基本相同，即主要依靠融资租赁的利差和手续费收入。上海三家金融租赁公司的两项收入合计占总收入比重均超过90%。目前，金融租赁公司定价机制基本参照贷款利率，业务集中在电力、钢铁、基础设施等传统行业，客户以大中型公司为主，租赁公司议价能力不强，加之资金成本高于银行，盈利能力与银行信贷相比没有太多优势。

（六） 公司治理和内部控制机制逐步完善

目前，金融租赁公司大都参照银行的内部控制和风险管理体系，初步搭建了较为健全的公司治理架构，"三会一层"依照《公司法》和公司章程的要求履行职责，并在董事会下设风险管理委员会、关联交易控制委员会、薪酬与考核委员会等专业委员会。按照前中后台分离制衡的原则，建立租赁业务的立项审批、尽职调查、审查审批、放款执行、租后管理、账务核算等各项业务职能分离运作的全流程管控机制。初步建立起涵盖各项业务的全面风险管理体系，逐步改进风险评估方法和工具，对信用风险、市场风险、流动性风险、合规风险等主要风险进行识别和持续监控。同时与股东银行初步建立了风险隔离机制，较好地防范了金融租赁业务与银行之间的风险相互传导。

（七） 政策环境逐步优化

1. 监管针对性和有效性显著提升

金融租赁业的监管必须与行业自身的特征和本质属性相适应，才能在控制风险的前提下促进行业稳定健康发展。自公布修订后的《金融租赁公司管理办法》以来，有关监管部门的监管机制不断完善，监管手段逐步丰富。一是完善监管法规，修订完善《金融租赁公司风险评级和分类监管指引》等制度文件，起草《金融租赁公司风险监管指标（试行）》，发布《关于加强金融

租赁公司流动性风险管理的通知》，逐步完善金融租赁行业监管的制度体系。二是改进监管手段，不断深化以风险管理为基础的非现场监测体系建设，充分发挥非现场监测的风险预警功能。与此同时，针对金融租赁公司主要面临的信用风险、市场风险、流动性风险以及公司治理、内部控制等加大现场检查力度。三是加强风险管控，结合金融租赁公司的业务特点，密切关注国内外经济金融形势和国家宏观调控政策，监测评估不同时期特定风险点。金融租赁公司的监管逐步成熟和完善。四是促进行业协会在统一行业规则、加强行业交流、防范行业风险和规范行业运行发挥重要作用。

此外，按照银监会要求，中国从 2012 年 1 月 1 日起实施新监管标准，资本充足率、流动性和逆周期监管指标对金融租赁公司的发展起到显著影响。首先，新增留存超额资本（2.5%）要求，资本充足率最低标准显著提高。按照新监管标准，金融租赁公司的资本充足率不得低于 10.5%，近年来扩张速度较快、资本充足率接近最低标准的金融租赁公司迫切需要进行资本补充。其次，对金融租赁公司的流动性监管标准更为严格。新监管标准要求金融租赁公司流动性覆盖率〔（优质流动性资产储备/未来 30 日现金净流出量）×100%〕和净稳定融资比例〔（可用的稳定资金/所需的稳定资金）×100%〕均不得低于 100%，确保其获得稳定的短期和长期资金来源。相关流动性指标将促使缺乏长期资金来源、期限结构错配现象普遍存在的金融租赁公司不断调整负债结构，探索更为稳定的资金来源。此外，实施逆周期超额资本。若金融租赁公司业务规模扩张过快，体现出明显的"类信贷"特征，监管部门有权要求其计提不超过 2.5% 的逆周期超额资本，抑制其扩张冲动。这一系列监管指标和措施的实施，有助于金融租赁公司实现从外延式规模扩张向内涵式盈利能力提升的转变，促进金融租赁业增长方式的转变。

2. 针对融资租赁的法律体系逐步完善

相对于融资租赁业的快速发展，相关的法律法规相对滞后。20 世纪 90 年代以来，随着一系列与融资租赁相关的法律法规出台，融资租赁法律体系逐步完善。1996 年最高人民法院发布《关于审理融资租赁合同纠纷案件若干问题的规定》，在一定程度上弥补了当时立法的不足。1999 年颁布的《中华人民共和国合同法》对融资租赁进行专章规定，对融资租赁合同定义、内容、形式、各方权利义务关系作出了规定。2004 年,《中华人民共和国融资租赁法》立法程序正式启动,法案征求意见稿对融资租赁的定义、具体交易行为、行业监督管理及各方当事人的法律责任进行了明确规定。该草案在业内已多次征求意见,具体立法工作正在有序开展。

3. 税收改革有利于金融租赁业稳步发展

支持性税收政策对行业健康发展起到良好的引导作用。2008 年末以来的一系列税改政策为金融租赁业的发展提供了较好的税收环境。首先是 2008 年 11 月公布了修订后的《中华人民共和国增值税暂行条例》,取消原条例中关于"购进固定资产项目的进项税额不得从销项税额中抵扣"的规定,对金融租赁采购环节的固定资产购置适用增值税抵扣。其次是免除售后回租业务中承租人向出租人出售设备的有关税负。按照《关于融资性售后回租业务中承租方出售资产行为有关税收问题的公告》(国家税务总局公告 2010 年第 13 号)的规定,融资性售后回租业务中承租方出售资产的行为,不征收增值税和营业税。通过售后回租形式,承租人获得 17% 的增值税发票,可以从产品销售的销项税额中得到抵扣,有效降低了税负。再次是 2011 年《营业税改增值税试点方案》及上海试点相关政策规定的出台,将金融租赁公司纳入增值税征收链条,金融租赁公司从厂商购买租赁物取得增值税专用发票,获得进项税,而后再用租金(包括固定资产购置成本和利息)的增值税专用发票开给承租人销项税。由此,承租人在原有购置固定资产缴纳增值税的基础上,新增加利息收入增值税部分,因此可抵扣的进项税额有所增加,税负将进一步下降。

四、当前我国金融租赁业存在的风险和主要防范措施

(一) 当前行业面临的主要风险

1. 信用风险

一是受周期性行业影响大。鉴于金融租赁公司的承租客户多为周期性行

业企业，行业和客户集中度高，飞机、船舶、钢铁、水泥等行业受宏观经济波动影响较大，在经济增速放缓下将对金融租赁业的总体资产质量造成较大影响。对于中小企业客户占比较高的金融租赁公司而言，资产质量下降风险更大。二是与地方政府融资平台关系密切。2010 年 6 月，国务院发布《关于加强地方政府融资平台公司管理有关问题的通知》，明确要求地方政府不得以财政性收入、行政事业等单位的国有资产为区（县）城市建设投资公司提供担保。对部分资产负债率高、资产质量不佳的区（县）城市建设投资公司而言，能否在政府不再提供担保的情况下提供其他形式的质押或担保并按期支付租金尚未可知，其中风险不容忽视。根据地方政府融资平台清查结果，截至 2010 年 6 月底，全国共有 8 家金融租赁公司与地方政府合作开展租赁业务，合同金额 494.23 亿元，部分融资平台业务存在较大风险隐患。三是房地产市场调控影响。部分金融租赁公司通过"售后回租 + 保理"形式开展了一定规模的房地产租赁业务，涉及房地产开发、商业物业等领域，其中部分项目缺乏稳定的还款来源和有效的担保措施，部分存在整贷整还现象，成为房地产公司开发筹集资金、规避监管政策的通道。在当前中央坚持房地产调控政策不动摇的背景下，房地产租赁项目可能发生风险暴露的情况。

2. 市场风险

金融租赁公司面临的主要市场风险包括利率风险、汇率风险和行业竞争风险。利率风险来自资产负债利率重定价期限错配及市场利率的变动。按照目前通行的做法，金融租赁公司的资产方（主要是应收融资租赁款）与央行确定的贷款基准利率挂钩，而负债方（主要是银行借款）则是基于上海银行间同业拆放利率（Shibor）加点确定。鉴于 Shibor 受市场资金面松紧程度影响较大，波动幅度远高于贷款基准利率，资产负债方资金利率的不同步使公司利润面临很大不确定性。目前，金融租赁公司的利率风险管理尚处在低水平阶段，对利率风险认识不充分，对利率变动不敏感，尚未制定明确的利率风险管理战略政策和程序，缺乏利率风险管理的经验和技术。此外，随着对境外租赁项目管制的逐步放松，金融租赁公司经营外币业务还面临汇率风险。一旦某币种出现长时期的单边走势（如 20 世纪 90 年代日元持续升值），会显著增加租赁公司偿债负担或减少租金收入。

与此同时，行业竞争同质化，竞争压力逐步加大。当前，金融租赁公司的业务模式比较单一，多以简单的融资租赁和售后回租业务为主，不仅金融租赁公司之间产品同质化，与商业银行也存在一定程度的同质化竞争。经过近几年的快速发展，金融租赁公司业务规模大幅扩张，客户资源的争夺可能引发以牺牲议价能力和风险控制为代价的短期行为，导致金融租赁业同业竞争压力加剧。

3. 流动性风险

从期限结构看，金融租赁公司开展的业务主要是中长期项目，期限一般在 3～5 年，而融资来源多为同业借款，期限均在 1 年以内，中长期金融债发行难度大，资产负债期限错配情况较为严重。从融资来源的稳定性看，金融租赁公司不能吸收社会存款，发行金融债券受到监管指标约束（如资本金不能低于行业平均水平），资金来源主要依靠同业拆入、银行借款等批发性融资，融资稳定性较差，波动性较大。

4. 操作风险

金融租赁公司的公司治理架构已较为完善，但董事会、专门委员会的作用尚未完全发挥，业务流程有待改善。一是部分公司尚未建立风控和内审对董事会的报告机制，风控和内审部门负责人未经董事会任命，董事会难以全面了解公司的内部控制、风险管理及高管履职情况。二是独立董事由董事长任命，无法发表独立、客观的意见。三是租前调查不充分，出现个别项目在投放不久后便发生租金逾期甚至企业停业整顿的情况。

随着信贷政策的收紧，历史上多次出现的融资租赁"类信贷"现象有所抬头。部分金融租赁公司存在业务定位不清、审批把关不严等问题，售后回租业务成为帮助企业客户规避贷款规定、降低贷款条件的通道，甚至成为大股东的融资工具（案例见专栏 1）。突出表现为：对租赁物的选择无系统规划，租赁物不具有通用性，难以在承租人违约时回收处置；以提供的担保物而非租赁项目现金流作为是否开展业务的依据等。

5. 租赁物风险

与银行信贷不同，金融租赁的出租人作为租赁物的所有权人，除承担与债权相关的风险外，与其他财产的所有权人一样，还承担着与租赁物相关的风险。由于金融租赁的租赁物专业化程度较高，金融租赁公司对租赁物的认知程度和处置能力明显弱于承租企业，租赁物风险问题较为突出。第一，租赁物所有权的确权和取回权的实现存在障碍。金融租赁业务开展期间，出租人仅享有合同上的所有权，但实际上不占有和使用租赁物，放弃了所有权中与租赁物使用价值有关的一切功能，成为一种名义上的所有权。此外，部分租赁物如铁路、公路、桥梁等资产是否具备融资租赁资格、所有权归属问题等，当前法律并未有明确界定。因此，需要以一定的公示方式披露各方当事人的权利状况，维护交易安全。在我国现有法律框架下，除公安、交通和民航等部门分别对应机动车、船舶、飞机等租赁物外，很多动产租赁物的登记和公示制度尚待完善，租赁公司在资金投放前和投放后均无法从登记公示机关确认和控制租赁物权属的转移。虽然掌握租赁物的购买合同、发票等原始凭证，但仍难以避免租赁物的权属纠纷。第二，租赁物价值未经审慎评估。以售后回租为例，大部分租赁物的购买价格按照固定资产账面净值确定，公司内部缺乏专业评估能力，通常也未经专业第三方进行评估，无法确定是否低值高买。在设备使用过程中，金融租赁公司也无法根据设备使用和耗损情况对设备余值及时进行调整。由于目前金融租赁公司普遍缺乏相应的专业人才，现阶段主要以融资租赁业务为主。若今后开展经营性租赁业务，租赁物估价问题将更为突出。第三，租赁物处置难度较大。由于租赁物专业性较强，部分设备必须配套使用，一旦安装就难以拆卸和变更用途。另外，国内设备二手市场欠发达，导致专业设备变现困难，一旦承租人违约，设备价值大幅下降。第四，租赁物存在被承租人违法处置的风险。当承租人违约时，出租人往往难以通过取回租赁物实现对自身权益的保障。按照《物权法》，一旦承租人将租赁物转让或抵押给支付了合理对价的善意第三方，租赁公司往往难以追回租赁物或需花费大量人力物力使租赁物的取回失去经济意义。

6. 政策风险

随着金融租赁行业的发展，相应的监管、财政和税收政策也经历不断探索和完善的过程，部分政策在试点过程中存在着一定的操作性障碍，使金融租赁业的日常运营面临不确定性。而为解决操作性问题，金融租赁公司往往需多次与相关监管、税务部门沟通，对正常经营产生影响。此外，根据不同的沟通程序和结果，各公司在执行相关政策时可能存在差异，由此产生不公平竞争问题。以 2011 年出台的《交通运输业和部分现代服务业营业税改征增值税试点实施办法》为例，由于部分实施细则不够明确，金融租赁公司实际业务的操作难度加大。首先，"营改增"要求区分有形动产和其他固定资产，使同一租赁项目的不同资产面临不同税种。此次纳入"营改增"试点范围的是"有形动产租赁服务"，而其他固定资产租赁仍然缴纳营业税。对于金融租赁公司的整体项目而言，很难具体区分应缴纳增值税的有形动产和缴纳营业税的不动产，相关法律法规也未明确区分依据。具体操作上，金融租赁公司只能按照传统理解将单个项目划分为动产和不动产，分别缴纳增值税和营业税。此外，由于增值税与营业税税基不同，金融租赁公司实际税负水平上升。根据"营改增"相关法律法规，享受"增值税即征即退"税收优惠退税后，增值税的税负为利息收入的 3%，而营业税的实际税负为息差收入（即利息收入减去利息支出）的 5%，因此营业税的税基要低于增值税，尽管增值税实际征收率更低，但金融租赁公司的总体税负水平有所增加。

（二）主要风险管理措施

1. 信用风险管理

信用风险管理是金融租赁公司风险控制的一项核心内容。在吸取 20 世纪 80 年代租赁业失败教训的基础上，如今的金融租赁公司在信用风险控制方面更多地借鉴了母银行的经验，在客户和行业选择上更为审慎。主要做法包括：一是客户主要由母银行推荐。通过母银行的信用评价体系进行初步筛选，选择信用较好、适合租赁业务的客户向金融租赁公司推荐，推荐公司信用评级高于母行授予信贷额度客户的平均信用水平。在此基础上，金融租赁公司根据其自身信用评价体系进行自主决策，并对承租人进行合法合规性审查、信用风险审查和租后风险监控和处置。二是对行业选择较为慎重。选择符合政策导向的重大基建、航空、航运等行业，承租人主要是行业龙头企业，资信情况良好。在经济出现下行趋势的情况下，规避周期性强的行业，偏向于公用基础设施等投资稳定且具有政策保障的行业。三是充分利用设备供应商的客户资源和专业实力，拓展供应商租赁业务。与三一重工、中联重科等机械设备供应商开展合作，由其推荐客户，为设备提供日常维护，并对未能按期支付租金的承租人设备承担回购义务。

专栏2

供应商租赁

金融租赁公司拥有资金方面的优势，但缺乏机械设备方面的专业知识和人才，因此在实践中各大金融租赁公司逐步探索出一种产融紧密结合的租赁模式：供应商租赁。所谓供应商租赁，是指金融租赁公司与机械设备的制造商或经销商开展合作，以融资租赁的方式为其提供产品促销服务业务模式。

1. 开展供应商租赁实现多方共赢

首先，对于金融租赁公司而言，供应商租赁为其提供了一条服务小微企业的路径，在当前业务主要集中在航空航运等行业以及大中型企业的背景下，开拓小微企业成为规避集中度风险和增加利润来源的重要渠道。鉴于人力和渠道的限制，金融租赁公司往往与机械设备的终端使用者距离较远，而设备供应商则充分利用其销售网络，掌握丰富的客户需求、信誉水平、经营状况信息，能够向有真正需求的客户提供租赁业务，客户定位准确。多数大型设备供应商自行设立的融资租赁公司制定了较为完备的标准化业务流程，相对于金融租赁公司现有的项目审批流程而言，更适合单值较低的机械设备租赁业务。其次，机械设备商通过融资租赁实现优化资产负债表的目的。以龙工集团为例，作为一家在香港上市的设备制造企业，通过融资租赁方式进行销售可以从资产负债表中剥离40亿元左右的应收账款，并将对金融租赁公司的回购担保列入表外项。利用融资租赁，龙工集团降低了资产负债率，有利于维护上市公司的市场形象，便于日后的再融资活动。最后，对于设备使用者（承租人）而言，获得设备更为便捷，并能通过设备供应商的销售网点获得日常的维修保养服务。

2. 业务操作流程

第一步，由设备供应商推荐承租人，多为小微企业和个体户，对承租人资质进行初审。第二步，金融租赁公司对承租人申请材料进行复审，确定租金等合同细节，与设备供应商签订购买合同。第三步，设备供应商内部或关联的融资租赁公司代理金融租赁公司与承租人签订融资租赁协议，设备供应商与金融租赁公司签订回购担保协议。第四步，融资租赁公司代为收取承租人的租金，并委托销售网点为承租人提供维修保养服务。

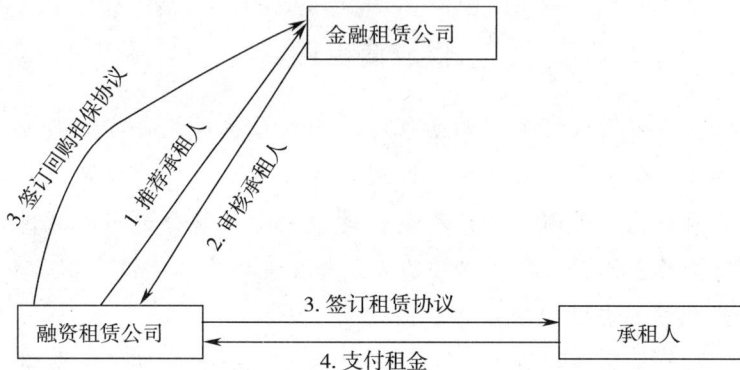

3. 信用风险控制

在供应商租赁中，信用风险从具有资金优势的金融租赁公司转移到具有技术优势的设备供应商，实现了信用风险的专业化管理，有效降低违约的可能性和后果。

对金融租赁公司而言，利用与设备供应商签订的回购担保协议，将大部分信用风险转移到设备供应商及其融资租赁公司。由于在违约情况下租赁物的回收价值得到保障，因此金融租赁公司在扩大业务规模的同时有效控制了信用风险。

对于设备供应商而言，信用风险也是可控的。一是承租人由分布在各地的经销商推荐，彼此在地区间的业务往来频繁、较为熟悉，交易成本降低；二是要求经销商对承租人违约承担无限责任，促使其更为审慎地选择承租人；三是严格执行信用审查程序，并根据行业景气程度进行适度调整。

2. 流动性风险管理

各金融租赁公司主要通过交叉授信的方式依靠母银行的信誉从其他关联银行获取短期资金，这种严重依赖同业市场和批发存款的做法在市场资金趋紧、拆借利率高企或金融机构间缺乏信任而停止交易的危急关头，易出现雷

2004 年 10 月，商务部、国家税务总局发布了《关于从事融资租赁业务有关问题的通知》，对内资企业开展融资业务进行规范；2005 年 3 月，商务部根据我国的入世承诺颁布的《外商投资租赁业管理办法》正式施行。如此密集且有针对性的法律法规的出台，为融资租赁的发展提供了规范的制度环境。

在强有力整顿之后，经营环境得到极大改善的金融租赁业开始恢复。截至 2006 年底，金融租赁公司共有 12 家，其中 6 家持续经营，账面资产合计 142 亿元，负债 112 亿元。当年税后净利润 1.3 亿元，商务部及前外经贸部批准的外资及中外合资租赁公司共有 70 余家，资产合计近 300 亿元。

5. 稳健发展阶段（2007 年至今）

2007 年 3 月，中国银行业监督管理委员会修订颁布的《金融租赁公司管理办法》正式实施，允许符合条件的商业银行和其他金融机构设立或参股金融租赁公司，从此"金融租赁"被作为一类特殊的融资租赁机构被分离出来。新办法规定，商业银行再次被允许进入金融租赁业，工商银行、民生银行、交通银行、招商银行、建设银行这五家银行获准组建金融租赁公司。在商业银行的推动下，我国金融租赁业迅猛发展，租赁资产规模快速增长，资产质量得到改善。中国金融租赁业进入了一个稳健发展时期。

（三）金融租赁行业的发展现状

现阶段，我国融资租赁公司分为三种类型：由银监会监管的金融租赁公司、由商务部和国家税务总局审批的内资试点租赁公司及由商务部审批的外商租赁公司。截至 2012 年 6 月底，全国在册运营的各类融资租赁公司约 350 家，其中金融租赁 20 家，内资租赁 66 家，外商租赁达到约 264 家。全国融资租赁合同余额约 12800 亿元，其中金融租赁约 5500 亿元，内资租赁约 4500 亿元，外商租赁约 2800 亿元[①]。

2007 年到 2011 年间，我国融资租赁业发展非常迅速，年均几何增长率超过 250%，其中金融租赁公司合同余额增长更是一枝独秀，年均几何增长率达 300% 以上。

---

① 中国租赁联盟和市租赁行业协会《2012 上半年中国融资租赁业发展概况》。

五、金融租赁业风险防控的国际视角和发展趋势

金融租赁业作为促进中小企业发展的支柱行业，在西方发达国家深受重视。韩国、日本等国家更是出台专门立法，在规范金融租赁业的同时，从税收等方面为行业提供了有力支持。

（一）良好的诚信文化，营造守信氛围

金融租赁业的发展离不开良好的信用环境作为保障。从金融租赁业在全球的发展历程来看，金融租赁业务在信用制度比较健全、信用环境较好的国家发展较快。这些国家良好的社会信用体系主要通过制度约束和道德意识两方面构建起来。制度约束主要包括社会信用征集、评价和查询体系以及与信用保障相关的法律法规，属于强制性的义务责任；而道德约束则是公民内在的良知、修养、道德品质等意识形态，是在历史和现实生活中逐步形成的习惯、传统和行为准则。这两种约束互为条件、相互促进，从而不断改善和提高整个社会信用环境和秩序。以美国为例，美国的征信系统非常先进，个人信用、企业信用的详细资料，均可通过在一定授权下从网络上查询到，并有专门的公司开发相关系统，通过加工、整理承租企业年报、税收数据，形成有说服力的信用评价体系，对个人和企业的信用行为产生有力约束。

（二）提供多样化融资渠道，防范流动性风险

在金融租赁业成熟的发达国家，租赁公司能通过多种渠道并以优惠条件获得长期资金，实现资产与负债的匹配。如在美国，除母公司资金外，租赁公司可以充分利用发达的金融市场，通过中介公司发行债券的方式，从投资者筹措资金，对象包括保险公司、银行等机构投资者，并利用设备所有权作为债券担保。根据韩国的《租赁产业促进法》，韩国允许租赁公司到资本市场直接融资，即发行租赁债券。韩国的租赁公司70%的资金来源是公司债券，发行量可以是自有资金的10倍。而在日本，租赁公司更多依靠银行贷款、保险业借款等间接融资方式获得资金，日本开发银行向租赁公司提供的贷款条

件优惠，期限相对较长。

（三）项目开发和审查相分离，控制操作风险

租赁项目由代理商开发，进行初步筛选和资信材料收集工作，承租人的信用审核由租赁公司掌握，实现项目开发和项目审核分离。相比金融租赁公司普遍采用的前后台分离的做法，这种由法律上完全分离的实体进行项目审定，有效控制了人情和片面思维，有利于控制操作风险。

（四）完善的回收翻新制度和租赁物权保障，有效控制租赁物风险

首先，租赁企业具有完善的租赁物回收制度和强大的翻新能力。国外成熟的租赁公司具有很强的设备翻新意识和能力，一件回收的租赁物件价值约为新设备价值的 10%～30%，翻新后可卖到新品的 70%，既提高了盈利水平，又利用对设备价值的全程掌控，有效控制租赁物风险，因此开展租赁物回收的积极性很高。

专栏3

美国卡特彼勒公司的"再制造"模式

美国卡特彼勒公司是全球最大的建筑工程机械和采矿设备、柴油和天然气发动机以及工业燃气轮机的全球领先企业，是通过金融租赁推动旗下产品销售的典范。该公司利用"再制造"模式，通过运用先进清洗、修复和表面处理技术，使废旧机电产品达到与新产品相同性能，确保公司在因承租人无力支付租金而放弃租赁物的情况下，能够再次开展新的租赁业务，在降低信用风险的同时提升了设备的剩余价值，使企业获得比单笔业务更高的收益。

卡特彼勒租赁业务具有以下特点：首先，销售主要通过遍布全球的代理商和分销商。公司在全世界有186家代理商和1200多家分销商，庞大的营销网络为租赁物的回收处置奠定了基础。其次，拥有完备的设备维修和保养记录。卡特彼勒每销售一台设备，便会建立与其相配套的维修记录，成为日后回收交易的重要依据。如果设备维修记录不完整，产品就会因无法回收而失去价值，卡特彼勒借此将设备的整个生命周期置于其控制之下，为回收和翻

新提供了便利。此外，依靠先进技术为回收翻新制定标准。由于具备最先进的再制造技术，卡特彼勒对设备维修具有很强的话语权，如确定哪些部件需强制报废，哪些部件经清洗维修达到某一标准后可翻新使用等，这些是其竞争对手难以企及的。

由于有回收和翻新设备的技术作为保障，融资环节中物权有了退出通道，公司可以充分利用租赁方式既把握债权，又能掌控物权，真正实现了金融租赁的优势。

其次，法律法规注重对出租方的设备所有权保护。按照美国法律，如果承租人违约，出租人不但可以取回设备，还可以继续向原承租人或担保人收取所有未付（包括未到期）的租金；如果承租人违约，并且阻碍出租人取回设备，将受到刑事处罚。

（五）针对特定风险的保险制度

部分发达国家对租赁公司所遭遇的某些特定风险，如政治风险、违约风险等实行政策性保险，保障其正常经营。如美国的官方信贷机构海外私人投资公司，对跨国租赁公司提供全方位的政治风险保险。日本租赁信用保险方案规定由小商业信用保险公司和租赁公司签订合约，承诺在承租人违约时，将未付租金的50%付给租赁公司；规定租赁公司租给风险投资公司的设备，保险赔付率可达到70%（蒋振声，2001），目前有39种机械设备运用该方案。韩国针对租赁业务设立忠信基金，由商业银行及短期融资公司按照资产的一定比例无偿交纳。基金的职能类似特别保险公司，租赁公司在开展租赁业务时可要求承租人以忠信基金为担保，一旦承租人无力还租时由忠信基金负责偿还。

六、政策建议

（一）完善信用体系建设

金融租赁业的良好发展需要诚信社会的土壤。一方面，应进一步完善征信系统建设，将全国性租赁登记制度纳入现有征信系统，对金融租赁公司开放个人信用征信系统，满足其对个体工商户租前审查的需要，形成对公民诚实守信的制度约束。另一方面，应大力宣传诚信文化，开展征信宣传教育，在全社会积极营造良好的信用氛围。

（二）培育金融租赁公司特色化、差异化发展模式

当前，金融租赁市场尚处在恢复发展阶段，各家金融租赁公司的主要目标是力争做大规模，抢占市场，租赁产品同质性强，行业和客户集中度高，创新性有待提高。随着市场的逐步开拓和客户层次和需求的多元化，金融租赁公司将从追逐规模的粗放型经营模式向重视平衡风险与利润以及重视质量与效益的集约型模式转变，租赁公司间的竞争将进入新阶段。应引导金融租赁公司在市场研究、客户细分、产品设计等方面下工夫，为客户提供全方位和个性化的产品方案，逐步探索出适合租赁公司的可持续发展业务模式。一方面，深入挖掘融资租赁区别于其他金融产品的本质特征，增强产品创新意识和能力；另一方面，根据不同的股东背景、技术优势、专业人才和客户网络，建立区别于其他公司的经营思路和发展模式，逐步形成具有自身特点的租赁产品，提高自有品牌优势。

（三）探索适当放宽融资渠道

从资本补充渠道看，随着业务规模的不断扩大，金融租赁公司普遍面临资本充足率的压力。在短期内不可能实现发行次级债、上市融资的情况下，增资扩股成为其补充资本、扩展业务的唯一途径。按照《金融租赁公司管理办法》的有关规定，金融租赁公司的业务发展必须与其资本净额规模相适应。从目前行业的整体状况看，由于缺乏长期融资渠道，短期负债与长期资产不匹配情况较为严重，金融租赁公司普遍面临流动性瓶颈。一方面，研究探索金融租赁公司的资本补充渠道，批准其在银行间市场试点发行次级债，在条件成熟的情况下允许其直接从资本市场融资，提升资本充足水平，获得可持续发展能力。另一方面，应加大政府扶持力度，由政策性银行向金融租赁公司提供中长期低息贷款，制定金融租赁公司金融债发行管理办法，确定与其

资本金相适应的发债规模，在资本市场发育较好的情况下推动租赁资产证券化，加快金融租赁公司的资金周转，降低其对银行贷款的依赖程度，防范系统性风险。

（四） 优化金融租赁公司内部控制和业务流程

一是租赁公司和母银行之间要建立防火墙，确保资金、人员和业务的隔离，防止租赁市场和货币市场风险的相互传导。二是租赁公司与一般控股股东之间要建立防火墙，防止大股东通过不当关联交易损害第三方利益。三是提高前、中、后台操作的独立性，加强租前调查、租中审查和租后管理的全流程管理，通过建立科学的内控机制，增强租赁公司的风险管理能力。

（五） 建立完善金融租赁的法律体系

鉴于近年来租赁业快速发展，应尽快制定出台《融资租赁法》，明确融资租赁的定义、具体交易行为、行业监督管理及各当事方的权利义务关系，避免业务开展过程中的风险和纠纷，促进行业的稳定健康发展。此外，确认人民银行征信中心融资租赁登记公示系统关于动产租赁登记的法律效力，鼓励和引导出租人进行动产租赁登记，以保障其合法权利，规避潜在风险。

（六） 加强金融租赁宏观审慎管理和微观审慎监管

金融租赁公司具有信用转换和期限转换功能，属于影子银行体系范畴，既对实体经济发展融资需求进行有益补充，也由于监管约束较弱给实体经济发展带来较大的风险隐患。有关部门应从宏观和微观审慎两方面对该行业加强监管。宏观上，评估金融租赁公司的融资脆弱性和资金相互依存程度，防范流动性风险的短期、集中爆发。加强对金融租赁公司与商业银行体系的关联和相互影响研究，分析可能的风险溢出途径和效应，防范和化解系统性风险。微观上，加强对金融租赁公司的非现场监管，完善监管指标体系，针对行业特点强化流动性风险监管，将流动性压力测试纳入日常监测，督促制定流动性风险预警机制和应急预案。对业务扩张速度较快或存在较大潜在风险的金融租赁公司，定期开展现场检查。对金融租赁公司比照银行严格监管，密切监控资金来源，降低其成为银行信贷融资替代通道的可能性。

（七）加大对金融租赁业的财政税收支持力度

吸收发达国家推动融资租赁业发展所采取的支持性优惠政策的经验，例如对租赁公司开展的中小企业和符合国家产业导向的融资租赁业务，财政应给予适当贴息、税收减免或提供全部或部分信用担保的支持等。允许承租企业对租赁设备采取加速折旧法，以减少其所得税负担。

（八）增强对金融租赁业务的宣传引导

租赁行业在我国历史上经历过起起伏伏，但作为一种重要的融资手段，租赁对促进调结构、稳增长具有重要作用，尤其是供应商租赁等租赁形式能有力促进小微企业的发展。因此，应引导社会各界正确认识金融租赁业务，既要充分发挥金融租赁作用，也应密切防范金融租赁公司偏离主业给其自身经营和金融体系所带来的风险。

参 考 文 献

[1] 杨建海. 租赁行业 2011 年中期策略报告 [R]. 安信证券，2011 – 06 – 23.

[2] 王涵生. 金融租赁国际比较研究 [M]. 北京：中国金融出版社，2011.

[3] 沙泉. 透视中国租赁. 现代租赁网，2007 – 08 – 17.

[4] 陈洁. 融资租赁在我国的发展问题研究 [D]. 中国人民银行金融研究所，2009.

[5] 陈俊. 我国商业银行进入融资租赁行业初探 [D]. 中国人民银行金融研究所，2007.

[6] 王航. 我国商业银行金融租赁业务面临的问题及对策研究 [D]. 厦门大学，2009.

[7] 苏迪尔·阿曼波. 国际租赁完全指南 [M]. 李命志，等，译. 北京：北京大学出版社，2007.

[8] 史燕平. 为什么直租与回租比例失调 [N]. 第一财经日报，2012 – 02 – 17.

[9] 郭文玲. 国外融资租赁业务发展比较研究 [N]. 现代商业. 2010 – 15.

[10] 王翀. 我国金融租赁业发展的问题反思和对策研究 [D]. 厦门大学，2008.

[11] 高圣平，钱晓晨. 中国融资租赁现状与发展战略 [M]. 北京：中信出版社，2012.

[12] 张海宁. 巴塞尔协议Ⅲ对金融租赁业的影响及对策：基于风险指标体系与业务盈利模式的分析 [J]. 上海金融，2011 (8).

[13] 刘铮. 融资租赁直达实体经济，美国 MLFI – 25 指数持续强劲反弹

［N］．第一财经日报，2012－05－11．

　　［14］沙泉．卡特彼勒如何将租赁融入现代营销体系［J］．工程机械与维修，2005（6）．

　　［15］蒋振声．发展融资租赁业的国际经验［J］．浙江树人大学学报，2001（1）．

　　［16］周天珏．金融租赁公司售后回租业务风险分析及监管探讨［J］．华北金融，2011（10）．

新金融书系
NEW FINANCE BOOKS

金融租赁公司发展对货币政策传导机制的影响研究

——理论分析和实证探讨

课题委托方

上海新金融研究院创始理事单位：农银金融租赁
有限公司

课题负责人

钟　伟：上海新金融研究院学术委员、副院长

引　言

在我国，融资租赁业务的开展发端于改革开放以后，中国急需大量引进国外大型机械设备之时。在 30 余年的发展历程中，我国融资租赁业经历过"繁荣——泡沫——整顿"的大起大落，至今已经步入了稳健发展的新纪元中。2007 年，银监会颁布《金融租赁公司管理办法》，银行系金融租赁公司呈几何级数增长，业务规模也迅速扩张。据统计，2007—2011 年五年间金融租赁合同余额年均增长率超过 300%，到 2012 年上半年合同余额超过 5000 亿元人民币。尽管金融租赁业的规模还不足以对 9 万多亿元的 M_2 余额构成实质性的影响，但若按照这样的发展速度，在不远的未来，金融租赁业必定会对货币政策产生巨大影响。

金融租赁公司不同于传统商业银行，并不依赖存贷差收益保证利润，主要的经营业务是为大型设备（例如飞机、船舶、农业机械设备等）提供资金融通。尽管当前金融租赁公司的主要资金来源于银行，但并不受公开市场操作、存款准备金率等货币政策工具的直接控制。研究金融租赁对货币政策传导机制的影响对于今后货币政策可能面临的新变化、货币政策的有效性以及金融租赁的健康发展有重大意义。本报告通过理论和实证两个视角的研究，探索金融租赁公司发展对中央银行货币政策的影响，具体内容包括金融租赁对货币供给的影响、金融租赁对货币政策工具的影响、金融租赁对货币政策中介目标及传导机制的影响等。

本研究的组织结构亦遵循这样的研究框架：第一部分介绍金融租赁发展的背景，主要介绍我国金融租赁业的发展历程、现状及国际金融租赁业的发展；第二部分讨论金融租赁对货币供给的影响，主要从理论上分析金融租赁对央行货币供应过程中产生的影响；第三部分讨论金融租赁对货币政策工具的影响，主要介绍金融租赁对央行常用的"三大法宝"，即对法定存款准备金率、再贴现政策、公开市场操作工具实施机制的影响；第四部分则在上述基础分析之上，研究金融租赁对货币政策传导机制的影响；第五部分讨论宏观经济形势与金融租赁发展的关系，尤其是经济低迷时期企业去库存化行为和商业银行补充资本金压力对金融租赁活动的影响；第六部分从经验层面讨论金融租赁公司对货币政策的影响，为前述理论提供竞争支持，同时比较金融租赁公司和商业银行、股票市场在应对货币政策变化时的灵敏性差异，并讨论利率市场化对金融租赁公司的影响；第七部分为结论和政策建议。

本研究的结论是：第一，由于金融租赁公司不需要遵循法定存款准备金制度，可以利用商业银行的现金漏出增加货币乘数；第二，在货币政策工具中，法定存款准备金率效力将有所下降，但再贴现率调整政策和公开市场操作政策有效性会加强；第三，传统的以广义货币供给量 M_2 作为中介目标的货币政策不再适用，但货币供给变化对利率的影响以及利率对实体经济的反应会变得更加灵敏；第四，实证研究表明，金融租赁业的发展与宏观经济密切相关，具有很强的适应性，但同时能够显著反映中央银行的货币政策走向。

本文的政策建议包括：（1）央行应该减少法定存款准备金率操作，尽快转向以依赖公开市场操作和再贴现率调整为主导的货币政策调整。（2）央行应该确定以市场化利率（例如 Shibor）为货币政策中介目标，而不应过分依赖广义货币供给量 M_2 的变化进行判断。（3）监管部门应减少对金融租赁公司在融资渠道、分支机构发展上的诸多限制，这些限制抑制了金融租赁公司的发展，反而不利于发挥金融租赁公司对宏观经济以及货币政策的反应。

一、金融租赁的发展现状

在我国，金融租赁是一种创新性的金融产品，虽然早在改革开放时就已经初见雏形，但是几经曲折，真正大规模发展出现在 2007 年银监会颁布《金融租赁公司管理办法》以后。研究金融租赁对中央银行货币政策传导机制的影响，首先需要诠释金融租赁的基本特征及在中国和全球的发展历史及现状。

本部分首先对金融租赁的基本要素进行梳理，为后续的讨论提供铺垫；然后，叙述自改革开放以来融资租赁行业的发展历程及现状；之后本部分把视野转向世界，介绍全球金融租赁行业发展的基本概况，凸显金融租赁行业在当代金融行业的重要性；最后，介绍美国、日本金融租赁业的发展情况，并总结这些国家金融租赁业发展对我国的启示。

（一）金融租赁的基本要素

现代租赁业分为经营性租赁（Operation Leasing）和融资租赁（Financial Leasing），两者有显著的差别，前者属于商业服务业的范畴，而后者则归属于金融业。经营性租赁是指，为了满足经营使用上的临时性或季节性需要而发生的设备租赁形式，又称服务租赁、管理租赁或操作性租赁[1]。而融资租赁的定义为："出租人根据承租人对租赁物和供货人的选择或认可，将其从供货人处取得的租赁物按合同约定出租给承租人占有、使用，向承租人收取租金的交易活动"[2]。

按照我国银监会在 2007 年公布的《金融租赁公司管理办法》，金融租赁与融资租赁意义的差别在于：其中"融资租赁"是具体的业务类型，"金融租赁"则是由银监会监管的融资租赁公司，即"金融租赁公司"是"经中国银行业监督管理委员会批准，以经营融资租赁业务为主的非银行金融机构"，且"金融租赁公司名称中标明'金融租赁'字样。未经中国银行业监督管理委员

---

[1]　马丽娟．信托与融资租赁［M］．北京：首都经济贸易大学出版社，2008.

[2]　中国银行业监督管理委员会令（2007 年第 1 号）《金融租赁公司管理办法》。我国《合同法》与《企业会计准则——租赁》亦对融资租赁进行过定义，但并无显著差别。

会批准，任何单位和个人不得经营融资租赁业务或在其名称中使用'金融租赁'字样。"除金融租赁公司之外，我国从事融资租赁业务的公司还包括商务部和国家税务总局联合审批的内资试点融资租赁公司及商务部审批的外商投资融资租赁公司。

根据《金融租赁公司管理办法》，我国金融租赁公司可开展的业务包括：（1）融资租赁业务；（2）吸收股东1年期（含）以上定期存款；（3）接受承租人的租赁保证金；（4）向商业银行转让应收租赁款；（5）经批准发行金融债券；（6）同业拆借；（7）向金融机构借款；（8）境外外汇借款；（9）租赁物品残值变卖及处理业务；（10）经济咨询；（11）中国银行业监督管理委员会批准的其他业务等。其中融资租赁是其经营的主要业务类型。

理论界对于金融租赁的功能和产生原因，主要提出税率差别理论、债务替代理论和代理成本理论三种解释[①]：

1. 税率差别理论。由于租赁资产享受税率优惠，与普通资产存在税率差异，因此出租人和承租人均能通过租赁资产取得税收收益，双方倾向于采用金融租赁。双方的收益主要来源于不同企业间的税收差异（企业间差异）与租赁资产的加速折旧（时间差异）。如果承租人的税率较高，高税负企业从低税负企业租入资产可以避免购置固定资产所需要缴纳的税收，并将此收益与出租人分享；如果出租人的税率较高，出租人可以通过购置可出租设备来获得加速折旧优惠，并把这一收益与承租人分享，降低承租人的融资成本，使得其较银行贷款、发行债券等融资方式更有优势。

2. 债务替代理论。该理论认为，金融租赁为承租人提供了另外一种融资手段，使得融资主体可以根据自身情况选择合适的融资方式。金融租赁的优点在于门槛低于发行债券，银行贷款等融资手段。当融资主体本身的资产状况和借贷能力不足无法发行债券或从银行贷款时，可以通过金融租赁的方式获得融资，租入需要使用的设备。从这个角度来看，金融租赁降低了企业的融资门槛，扩大了企业的融资能力。

3. 代理成本理论。如果委托方不是将设备租赁，而直接将资金借给代理

① 王涵生. 金融租赁国际比较研究［M］. 北京：中国金融出版社，2011.

人，委托方难以监控代理方如何使用资金，为了防止双方目标不一致，则会加大代理成本。同时，若代理人经营不善导致破产，委托方的资金难以回收，风险较大。在金融租赁中，承租人只能获得租赁资产进行生产或其他活动，出租人很容易监控，降低了出租人与承租人之间的代理成本；同时，租赁资产的所有权属于出租人，若承租人无法续租，租赁资产仍可继续出租给其他企业，这显著降低了出租人的风险。

（二）我国融资租赁业的发展历程

我国融资租赁业首先出现于改革开放之后，其间经历了曲折的发展路径，至今可分为五个主要发展阶段：

1. 草创阶段（1979—1983 年）

1979 年 10 月，中国国际信托投资公司（简称中信公司）成立，该公司开始了中国最早的租赁业务实践，例如 1980 年初，中信公司作为中介推动中国民航与美国汉诺威尔租赁公司、美国劳埃得银行合作，从美国租赁一架波音 747SP 飞机。1981 年 4 月，中信公司与日本东方租赁公司合资成立了中国东方国际租赁公司（中国第一家中外合资租赁有限公司），同年 7 月与内资机构合作成立了中国租赁有限公司（第一家非银行金融机构类租赁公司），这两家金融租赁公司的成立标志着我国融资租赁业开始正式创立。此后，合资或中资租赁公司相继成立。这一阶段是中国融资租赁的初始时期，规模小但发展速度快，成交金额呈爆炸式增长：1981 年租赁成交金额为 1300 万美元，1982 年为 4100 万美元，1983 年就超过了 1 亿美元，年均增长率超过 170%。

2. 迅速扩张阶段（1984—1987 年）

由于政府的积极推进并提供担保，加上改革开放后全国上下有强劲的资本需求，这一阶段的融资租赁业步入了迅速扩张时期。第一个表现是融资租赁公司不断增加，如中国环球租赁、国际租赁、北方租赁、华和租赁、包装租赁、光大租赁等较大规模的租赁公司在这一时期成立，到 1987 年底已有 14 家合资租赁公司和 15 家中资租赁公司。第二个表现是租赁业务迅速膨胀，到 1987 年底租赁合同金额超过 13 亿美元。然而，由于缺乏相应的监管法规，加之行业扩张过于迅速，融资租赁业发展遗留下一些潜在的问题：租赁公司对金融租赁的职能定位不够明确，注册资本低，资金来源短缺，租赁资产比例较低，且业务技能较差，公司制度不健全，管理颇为混乱。这些潜在的问题为日后经营埋下了隐患。

3. 过热停滞阶段（1988—1999年）

受到我国经济过热的影响，这一阶段的初期融资租赁业发展显著过热，租赁合同额于1992年达到顶峰38.33亿美元。然而，随着企业制度改革所带来的政企分开、企业自负盈亏等新变化，再加上最高人民法院公布政府为经济合同提供担保无效的司法解释，由此财政、银行等部门不再为企业提供担保，租赁公司风险剧增，开始面临承租方拖欠租金，资产质量严重恶化，正常业务难以继续经营的问题。到1995年以后，新颁布的《商业银行法》不允许商业银行混业经营，融资租赁公司进一步失去商业银行的资金，遭受重创；之后的亚洲金融危机则使得外资撤出，租赁公司进一步失去境外资金。在这种环境下，一些租赁公司脱离租赁主业，违规高息揽储，高负债运营。1997年经中国人民银行批准的金融租赁公司共16家，1996年末租赁公司总资产达到近140亿元，但注册资本金总计只有6亿多元及500万美元，资本充足率过低，蕴藏着巨大的风险。

4. 整顿恢复阶段（2000—2006年）

进入新的世纪，中国政府开始对已经进入混乱状态的融资租赁业进行整顿，主要表现在两个方面：

（1）行业治理。2000年8月，中国人民银行撤销了严重违规经营，不能支付到期债务的中国华阳金融租赁有限公司，拉开了融资租赁业整顿的序幕。之后，陷入严重困境的海南国际租赁有限公司和武汉国际租赁公司被相继关停。2004年以后，又有两家金融租赁公司进入破产程序，两家公司被停业整顿①。

（2）制度建设。2006年6月，中国人民银行颁布《金融租赁公司管理办法》，首次为金融租赁的监管提供了法律依据。2011年1月1日，财政部发布的《企业会计准则——租赁》开始实施，为租赁的会计处理提供了制度基础。

---

① 秦永顺. 金融租赁业务［M］. 长春：吉林大学出版社，2008.

2004 年 10 月,商务部、国家税务总局发布了《关于从事融资租赁业务有关问题的通知》,对内资企业开展融资业务进行规范;2004 年 3 月,商务部根据我国的入世承诺颁布的《外商投资租赁业管理办法》正式施行。如此密集且有针对性的法律法规的出台,为融资租赁的发展提供了规范的制度环境。

在强有力整顿之后,经营环境得到极大改善的金融租赁业开始恢复。截至 2006 年底,金融租赁公司共有 12 家,其中 6 家持续经营,账面资产合计 142 亿元,负债 112 亿元。当年税后净利润 1.3 亿元,商务部及前外经贸部批准的外资及中外合资租赁公司共有 70 余家,资产合计近 300 亿元。

5. 稳健发展阶段(2007 年至今)

2007 年 3 月,中国银行业监督管理委员会修订颁布的《金融租赁公司管理办法》正式实施,允许符合条件的商业银行和其他金融机构设立或参股金融租赁公司,从此"金融租赁"被作为一类特殊的融资租赁机构被分离出来。新办法规定,商业银行再次被允许进入金融租赁业,工商银行、民生银行、交通银行、招商银行、建设银行这五家银行获准组建金融租赁公司。在商业银行的推动下,我国金融租赁业迅猛发展,租赁资产规模快速增长,资产质量得到改善。中国金融租赁业进入了一个稳健发展时期。

(三) 金融租赁行业的发展现状

现阶段,我国融资租赁公司分为三种类型:由银监会监管的金融租赁公司、由商务部和国家税务总局审批的内资试点租赁公司及由商务部审批的外商租赁公司。截至 2012 年 6 月底,全国在册运营的各类融资租赁公司约 350 家,其中金融租赁 20 家,内资租赁 66 家,外商租赁达到约 264 家。全国融资租赁合同余额约 12800 亿元,其中金融租赁约 5500 亿元,内资租赁约 4500 亿元,外商租赁约 2800 亿元[①]。

2007 年到 2011 年间,我国融资租赁业发展非常迅速,年均几何增长率超过 250%,其中金融租赁公司合同余额增长更是一枝独秀,年均几何增长率达 300% 以上。

---

① 中国租赁联盟和市租赁行业协会《2012 上半年中国融资租赁业发展概况》。

表1-1　　　　　　　　　　中国融资租赁合同余额　　　　　　　　单位：亿元

年份	2006	2007	2008	2009	2010	2011
融资租赁	80	240	1500	3700	7000	9300
金融租赁	10	90	420	1700	3500	3900
内资租赁	60	100	630	1300	2200	3200
外商租赁	10	50	500	700	1300	2200

资料来源：中国租赁蓝皮书。

即便如此，中国监管当局对于金融租赁公司的管理仍然非常严格。根据《金融租赁公司管理办法》，我国金融租赁公司的准入条件主要包括对金融租赁公司主要出资人（出资额占拟设金融租赁公司注册资本50%以上的出资人）及金融租赁公司注册资本两类要求。金融租赁公司的主要出资人可以是中国境内外注册的具有独立法人资格的商业银行，也可以是中国境内外注册的租赁公司，在中国境内注册的、主营业务为制造适合融资租赁交易产品的大型企业或者其他由银监会认可的企业和机构。对于不同类型的主要出资人，银监会有不同的要求。此外，金融租赁公司注册资本不能低于1亿元或等值自由兑换货币，且必须为实缴货币资本。

为了避免金融租赁业重蹈覆辙，陷入无序状态，银监会对我国金融租赁公司进行了较为严格的监管措施。《金融租赁公司管理办法》规定，金融租赁公司需要满足：资本充足率，金融租赁公司资本净额不得低于风险加权资产的8%；单一客户融资集中度，金融租赁公司对单一承租人的融资余额不得超过资本净额的30%，计算对客户融资余额时，可以扣除授信时承租人提供的保证金；单一客户关联度，金融租赁公司对一个关联方的融资余额不得超过金融租赁公司资本净额的30%；集团客户关联度，金融租赁公司对全部关联方的融资余额不得超过金融租赁公司资本净额的50%；同业拆借比例，金融租赁公司同业拆入资金余额不得超过金融租赁公司资本净额的100%。除此以外，金融租赁公司必须遵守相关的企业会计制度，外部审计制度并及时计提呆账坏账，按规定编制并向中国银行业监督管理委员会报送资产负债表、损益表及中国银行业监督管理委员会要求的其他报表，并在每会计年度结束后四个月内向中国银行业监督管理委员会或有关派出机构报送前一会计年度的关联交易情况报告。

（四） 全球金融租赁业的发展

过去二十年，全球金融租赁行业处于平稳发展状态。1992 年到 2010 年，世界租赁市场年均增长率 3.18%，市场规模从 1991 年的 3543 亿美元发展到 2010 年的 6168 亿美元。其间世界租赁市场经历过几次衰退，例如 1996—1997 年、2000—2002 年及 2007—2009 年间世界租赁业规模均出现不同程度的萎缩，主要原因是亚洲金融危机、"9·11" 恐怖袭击事件及全球金融危机。2010 年，世界租赁市场走出 2008 年金融危机的衰退，增长 10.7%，但仍没有恢复到 2007 年的高点 7804 亿美元。

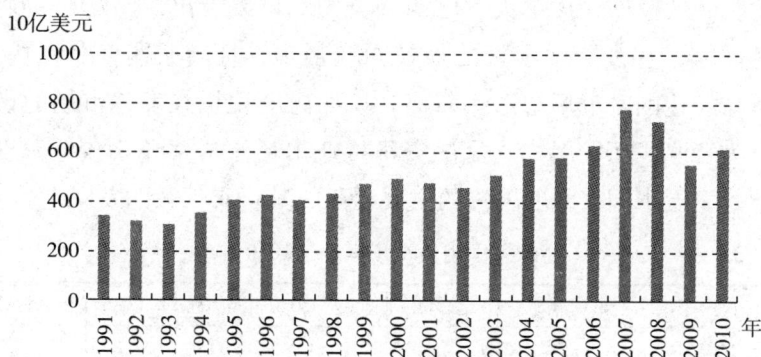

10亿美元

资料来源：WHITE CLARKE GLOBAL LEASING REPORT 2012。

图 1 - 1　全球租赁市场发展（1991—2010 年）

2010 年全球租赁市场规模 6168 亿美元，其中北美市场规模最大，达 2133 亿美元，占全球市场份额的 34.6%；欧洲市场紧随其后，规模 2125 亿美元，占全球市场份额的 34.4%；亚洲市场规模 1484 美元，占全球市场份额的 24.1%，2009—2010 年增长率达 31.7%，增长十分迅速。南美、大洋洲和非洲市场规模较小，份额不超过 7%。

表 1 - 2　　　　　　　　　全球租赁市场概况（2010 年）

区域	市场规模（10 亿美元）	增长率（%）	全球市场份额（%）
欧洲	212.5	0.5	34.4
北美	213.3	11.8	34.6
亚洲	148.4	31.7	24.1

续表

区域	市场规模（10亿美元）	增长率（%）	全球市场份额（%）
南美	25.4	-15.9	4.1
澳大利亚、新西兰	10.8	-1	1.8
非洲	6.4	13.1	1

资料来源：WHITE CLARKE GLOBAL LEASING REPORT 2012。

分国家看，美国是全球最大的租赁市场，规模达 1939 亿美元。中国经过几年的迅速发展，已经成为全球第二大租赁市场，规模达 637.2 亿美元，2009—2010 年增长率高达 50%。第三到第十位的市场分别是德国、日本、法国、意大利、俄罗斯、加拿大、巴西和英国。可以看出，融资租赁业不仅存在于发达国家，在发展中国家的规模同样可观，且增长速度非常快。然而，融资租赁在发达国家市场渗透率较高，说明融资租赁在发达市场的设备投资中使用更为普遍，而发展中国家融资租赁业市场渗透率还比较低，说明融资租赁还不是发展中国家企业融资的主要手段，其仍有很大的发展空间。

表1-3　　　　　　　全球各国租赁市场概况（2010年）

排位	国家	市场规模（10亿美元）	2009—2010年均增长率（%）	市场渗透率（%）
1	美国	193.9	12.00	17.1
2	中国	63.72	50.00	3.8
3	德国	52.49	6.30	14.3
4	日本	50.75	-6.60	6.3
5	法国	30.89	7.30	10.5
6	意大利	25.46	5.40	13.1
7	俄罗斯	20.54	131.00	7.7
8	加拿大	16.09	19.00	15.1
9	巴西	14.99	-42.60	—
10	英国	13.38	-13.90	18.5
11	澳大利亚	10.4	-1.00	12
12	瑞士	10.39	7.30	10.2
13	西班牙	9.68	25.30	4.7
14	波兰	9.58	20.70	11.5
15	瑞典	9.12	8.30	19.2

续表

排位	国家	市场规模（10亿美元）	2009—2010年均增长率（%）	市场渗透率（%）
16	韩国	8.36	45.40	4.8
17	奥地利	6.16	6.50	13
18	荷兰	5.89	−17.20	5.1
19	挪威	5.85	7.00	19.8
20	比利时	5.35	6.60	7.5

资料来源：WHITE CLARKE GLOBAL LEASING REPORT 2012。

（五）美、日金融租赁发展的国际经验

1. 美国金融租赁业的发展

第二次世界大战中，为应付战争所需，各种军事技术发展迅速。战后，各项技术被改造为民用，使得各个企业购买带有新技术机器设备的动机强劲。然而，由于当时美国企业的融资渠道受到限制，为了满足企业购置大型设备的需要，融资租赁业应运而生。1952年，美国租赁公司成立，这是美国第一家融资租赁公司，标志着美国融资租赁市场的兴起。美国的金融租赁市场发展很快，1991年，美国金融租赁市场份额达1300亿美元，市场渗透率在30%以上；到2010年，美国金融租赁市场规模不到1991年的两倍，市场渗透率下降至约17%，表明美国的金融租赁市场发展减缓，且速度低于其他融资手段。

从金融租赁的种类看，电子计算机、办公室设备、产业机械等一般采用直接融资租赁，约占租赁市场份额的45%左右；飞机、铁路车辆和船舶等价格昂贵的机械设备大部分倾向于采用杠杆租赁，约占租赁市场份额的40%左右。

从金融租赁公司的背景看，四种类型的金融租赁公司在美国租赁市场较为普遍：第一种是依托银行开设的租赁公司，其资金来源主要来自于银行的交易，资金充沛，既能为企业提供足够的资金，又能为银行的资金找到盈利点；第二种则是依托于大型制造商的租赁公司，这些制造商的产品大多昂贵，采用融资租赁的手段能帮助其获得额外的现金流，帮助其出售设备；第三种是有浓厚地域背景的独立租赁公司，一般服务于当地经济，业务范围相对较

窄；最后是除上述三种类型外的其他类型公司，这也是由于美国租赁市场进入门槛比较低，因此投资银行、保险公司、私人公司等组织只要有足够的资本金，都能成立融资租赁公司。

从制度和政策环境看，美国为金融租赁制定了相当丰厚的优惠政策。第一是税收优惠，主要是投资减免税政策：美国的《投资税扣除法》中规定，对于通过出租人投资购买的租赁设备，在租赁时，给予减免征税，这种政策既可使出租人直接获得税收的优惠，又可使承租人通过减少租金，间接取得好处。第二是会计制度优惠，主要体现在折旧制度上：美国的会计准则规定租赁设备可实行加速折旧，也可自主选择折旧方法，并逐步缩短折旧年限，这样出租人可规避设备过时的风险，并可以享受延迟纳税的优惠；此外，承租人还可以把租金计入成本，降低应税利润。第三，美国政府为融资租赁公司在发展中国家开展租赁业务时提供政治风险保险，并由进出口银行提供出口信贷和商业保险等等。第四，美国政府很少干预金融租赁业的发展，金融租赁公司不需要从美国政府获得牌照或其他许可，只需要遵守一般的市场经济法律，这使得各个主体均能参与美国的租赁市场。

2. 日本金融租赁业的发展

日本的金融租赁业始于20世纪60年代，当时日本进入全面恢复时期，经济高速增长，市场空前繁荣，且日本政府鼓励企业进行资本投资。然而，日本企业普遍缺乏资金和设备。在这种背景下，日本引入了融资租赁的工具进行设备采购和流转。1963年，日本成立了日本国际租赁株式会社，这是日本第一家融资租赁公司。70年代是日本租赁业快速发展的时期，这一时期成立了大量以大型金融机构和商社为背景的金融租赁公司，行业规模平均以每年30%~50%的速度增长；80年代则出现了大量专业的租赁公司，依托于具体的企业，从事与企业相关的业务，同时一些大型金融租赁公司将业务拓展到了海外；90年代日本经济泡沫破裂后，租赁业也随着日本经济的停滞而发展缓慢，到2000年后才逐渐恢复。总体而言，日本的融资租赁业规模虽然较大，但在国内经济中的地位不如美国般显著，租赁业市场渗透率一直不足10%，近年来更是连年下降，到2010年仅为6.3%。

日本的融资租赁业务种类与美国类似，种类不如美国齐全，主要原因是美国是融资租赁业务的主要创新地，融资业务创新主要来自于美国。日本融资租赁公司的种类的特点是租赁公司的背景大多是各个行业的大型企业，小型租赁公司较少。从融资租赁的承租人来看，中小企业与大企业各占约50%，说明中小企业在租赁市场的参与度较高。

从租赁业务的具体行业来看，日本融资租赁的客户多以非制造业租赁为主，占市场的67.7%；另外，信息与通信设备租赁占所有租赁比重也较大。从资金来源来看，日本融资租赁公司的资金来源主要依靠银行贷款，大约占90%。此外，日本的融资租赁公司的业务种类不仅仅限于租赁业务，同样涉及房地产和贷款等业务形式。

从政策和制度环境看，日本融资租赁的特色在于政府对其的大力推动作用。首先，日本通产省建立租赁信用保险政策，规定中小企业签订租赁合同时，强制购买保险，使得承租企业倒闭时，租赁公司能够获得损失金额的50%补偿，这是由政府出资的。这一措施大大降低了中小企业参与租赁的门槛，也使得日本融资租赁公司风险更小。其次，日本政府提供政策性融资政策，具体形式是由日本的开发银行以低息向融资租赁公司提供资金。再次，政府为了鼓励特定行业的发展（例如农业、林业等），对于租赁这些行业设备的承租方予以财政补助，例如日本设有农业经营租赁补助、木材供应结构改善租赁补助、养殖业促进租赁补助等。最后，投资减税政策，包括两类：一是针对与信息技术行业相关的设备的优惠政策，具体的优惠是注册资本在3亿日元以上的承租人租赁信息技术行业的设备，可以减少缴纳企业所得税，减少的额度约占租赁总费用的6%。二是针对中小企业的优惠政策，对注册资金在一定规模以下的企业，若采取融资租赁承租设备，可减免企业所得税。同时，日本对金融租赁企业采取适度的监管措施，对不同出资主体设立的金融租赁机构分别对待。对于一般金融租赁公司，日本将其视为一般工商企业划归通产省管理，没有设立对应的法律法规，甚至没有最低资本与资本充足率的要求。对于银行出资设立的租赁公司，日本政府采取严格管理的政策，使得这些租赁公司不能从事房地产、证券等业务，也不能从事经营租赁和分期付款销售。

3. 美、日金融租赁业发展历程对我国的启示

美国、日本是世界上金融租赁市场规模最大的国家，行业发展经历了几

十年时间的洗礼，已经发展为较成熟的金融租赁市场。相较而言，中国的金融租赁业虽然萌芽于改革开放之后且现在已经具备一定的规模，但行业真正的快速发展仅有几年时间，无论市场复杂度还是从业经验上均远远落后于美、日等发达国家。中国仍需要继续吸纳先进的经验，吸取以往的教训。总结起来，美、日两国的金融租赁发展可以为中国提供以下几点经验：

第一，金融租赁是金融系统的重要组成部分。从美、日的经验来看，金融租赁均能在一定程度上代替银行贷款的作用，甚至可以扩大企业，特别是中小型企业的融资能力。因此，金融租赁一方面可以降低银行的风险，另一方面也能促进社会投资和企业发展。现阶段中国租赁业的渗透率还较低（不足4%），小于日本的6.3%，更远小于美国的17.1%，说明中国金融租赁的发展仍然不足。

第二，银行对金融租赁的影响举足轻重。无论是在美国还是在日本，银行都是金融租赁公司的主要控股人和出资人，一方面因为银行的资金最为雄厚，且放贷业务与租赁业务有其相似之处；另一方面则是银行的资金既需要寻找投资机会，又需要控制风险。2007年以后，中国的银行系租赁公司发展最为迅速，但到2012年中国银行系金融租赁仍只占整个行业的1/3，未来银行应更加深度地参与金融租赁公司。

第三，业务创新对行业发展至为重要。租赁是一项较为简单的使用权让渡行为，但发达国家，特别是美国的发展经验揭示了由简单的租赁演化为各式各样的租赁业务的重要性。在市场中，承租人信用情况、资金情况、所处行业、发展潜力等各个具体指标各具特色，这就从客观上要求采取不同形式的租赁。因此，中国的金融租赁若要可持续发展，则需要吸取西方已有的租赁业务形式，甚至创造中国特色的租赁业务，以满足不同承租人的需求。

第四，对金融租赁的监管可以适当放松，政府以提供保险的形式防止市场动荡。从美国、日本的发展历程看，金融租赁公司因为其本身风险较小的缘故，放松监管是大势所趋。作为替代，美、日政府均以保险的形式，为金融租赁合同提供保障，保证金融租赁不会出现大规模的动荡，保护了双方的利益。目前中国的金融租赁公司仍受到较为严格的监管，政府可以参考西方的保险形式，减少监管成本。

（六）小结

金融租赁是金融行业的重要领域，在过去二十年，不仅是在中国发展迅速，在世界其他国家的交易额也获得大幅度增长。截至 2012 年上半年，中国金融交易租赁合同余额已经超过 5000 亿元，占到广义货币供给余额 M_2 的 5.5% 左右，成为金融体系中不可忽视的一个部分。因此，关注中央银行的货币政策传导，必须考察金融租赁行业在其中的作用。

二、金融租赁对货币供给的影响

货币供给是中央银行宏观调控的重要工具。金融租赁活动是否能影响货币供给的控制及变动，直接关系到中央银行的货币政策实施及最终效力。因此，考察金融租赁对于货币政策的影响，必须首先考察其对一国货币供给行为的影响。

货币供给量，是指某个时点上全社会范围内承担流通手段和支付手段职能的货币存量，代表一个社会的整体购买力。货币供给的主体包括所有的商品和服务交易者。央行所发行的基础货币，最终会通过货币乘数作用，形成全社会总体的货币供给。由于现代宏观经济活动都离不开金融机构，货币乘数的大小取决于金融系统提供货币的流动性高低。相应地，货币供给可以按照金融机构提供货币的流动性进行分类。中国现阶段将货币供给量分为三个层次：（1）流通中的货币，即银行体系以外的现金，用 M_0 表示；（2）狭义货币供给用 M_1 表示，包括 M_0 和企事业单位活期存款；（3）广义货币供给，包括 M_1 和企事业单位定期存款、居民储蓄存款、其他存款和证券公司客户保证金，用 M_2 表示。在这三个层次中，M_2 已经将绝大多数在存款类金融机构中流通的货币纳入统计口径。

金融租赁这种创新性金融工具并非存款类金融机构的传统业务，也就不是货币供给的传统主体，其所提供的货币服务并没有包括在传统的广义货币供给 M_2 中。但是，融资租赁作为一种创新型金融服务，会同时对全社会的货币供给乘数和中央银行的基础货币产生影响，下面逐一展开分析。

（一）金融租赁对货币乘数的影响

在现代银行体系中，银行体系吸收存款、发放贷款是货币创造的主要机理，部分准备金制度的实施和部分现金漏出则是决定货币乘数的主要因素。在商业银行的经营过程中，不断从外界获得存款，在缴纳法定存款准备金、保留必要的超额存款准备金以及流出部分现金以后，会将剩余资金继续投资，从而产生新的存款，这一过程周而复始，于是就形成货币供给的乘数扩张效应。但是，金融租赁活动的产生，使得这一货币创造过程变得更加复杂。

金融租赁公司并不属于商业银行体系，因此，流向金融租赁公司的资金可以视为商业银行的资金漏出。但是，不同于传统的资金漏出，由于金融租赁公司本身也在提供融资租赁服务，且不需要缴纳法定存款准备金，还可以利用流出商业银行的现金漏出，因此这部分流向金融租赁公司的资金会通过金融租赁服务而形成新的货币供给，从而使得金融租赁活动产生的货币供给规模会较之传统商业银行体系更大。

首先，由于商业银行对于每一笔吸收的存款，都需要在中央银行存入一定比例的准备金。所以，商业银行的货币创造最终受制于法定存款准备金率。中央银行规定的法定存款准备金率越高，商业银行的货币创造乘数就越低；相反，法定存款准备金率越低，商业银行的货币创造乘数就越高。但是，向金融租赁行业注入的资金不要求向中央银行缴纳存款准备金，因此理论上的货币创造乘数要高于商业银行体系。在现实中，由于银行贷款仍然是金融租赁公司的重要资金来源，而且流入金融租赁公司的货币往往也会重新流回商业银行体系，所以金融租赁公司的货币创造乘数仍然受制于法定存款准备金率，但是一般要高于在商业银行体系中流通的货币的乘数创造。

其次，金融租赁活动的特点是可以吸收银行体系之外的资金，同时将资金借给银行不愿意服务的对象，而这部分资金往往被视为商业银行体系的现金漏出。在传统的货币创造过程中，商业银行的现金漏出是指不参与新增货币的创造过程的货币。但是，与此同时，社会经济体中也存在许多不能被传统商业银行体系满足的融资需求。在现阶段中国，中小企业融资难就是一个现实的案例。金融租赁具有融资费用低、手续快等便利条件，更能够满足中小企业融资需求，从而能够在一定程度吸收商业银行体系之外的资金，增加参与乘数创造的货币流，从而扩大全社会货币供给总量。

为说明这一点，考虑下面的案例：银行存在 20 万元的现金漏出，在没有金融租赁公司的情况下，20 万元以现金形式存在；在金融租赁公司产生后，20 万元能够流入金融租赁公司。假设 A 公司需要向 B 公司花费 100 万元购买某大型设备，但是缺乏足够的自有资本，那么 A 公司将面临两种融资选择：一种是从银行贷款 100 万元弥补资金缺口（见图 2 - 1），另一种是与金融租赁公司直接签订价值 100 万元的融资租赁合同（见图 2 - 2）。两种融资选择对货币乘数的影响是不同的，如下所述：

1. 银行贷款模式

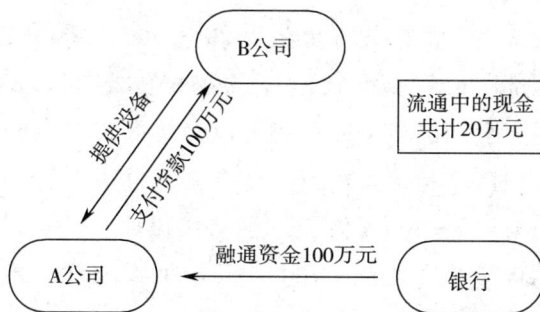

图 2 - 1 银行贷款融资模式下的现金漏出示意

在银行贷款模式下，A 公司缺乏购买设备的资金 100 万元，必须从银行贷款。假设全社会的通货—存款比率是 20%，银行拥有 100 万元可贷资金，社会流通现金 20 万元。银行将 100 万元贷给 A 公司，A 公司获得贷款 100 万元以后，用于支付 B 公司的设备款项。B 公司在向 A 公司提供设备之后，将 A 公司支付的 100 万元存入银行。此时，银行又重新获得 100 万元的存款。由于中央银行规定的法定存款准备金率是 20%，此时商业银行必须将 20 万元存入中央银行，可贷资金规模降低至 80 万元。换言之，在经历向 A 公司提供贷款服务之后，新增货币供应规模降低至 80 万元。如此往复，银行的货币供给量是 100 + 80 + 64 + … = 500（万元）。此时，假设社会中流通的现金 20 万元，总共货币供给量是 520 万元。相应地，货币乘数是 520/120 = 4.33。

2. 融资租赁模式

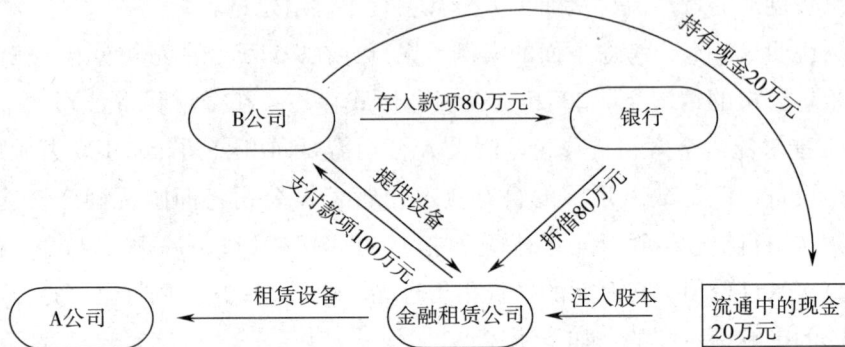

图 2 - 2　融资租赁模式下的现金漏出示意

在融资租赁模式下，银行的现金漏出 20 万元，形成流通中的社会资本。如果这部分资本全部注入金融租赁公司，金融租赁公司只需从银行拆借 80 万元资金，就可购买 B 公司的设备，并将之以租赁方式提供给 A 公司。B 公司获得的 100 万元款项，将其存入银行。现在，经过同样的货币创造过程，可以创造 $100 + 80 + 64 + \cdots = 500$（万元）的货币供应。此时，全社会货币供给总量是 500 万元，货币乘数是 $500/100 = 5 > 4.33$。因此，若是融资租赁能够充分利用流出商业银行的现金漏出，能够有效扩大货币乘数，从而增加货币供给总量。

综上所述，金融租赁公司的运营，一方面可以缓释法定存款准备金的限制，另一方面可以在一定程度上利用流出商业银行的现金漏出，扩大货币创造倍数，增加全社会货币供应总量。在整个过程中，金融租赁公司越是充分利用商业银行体系之外的现金，就越能扩大货币乘数；相反，如果金融租赁公司的资金来源绝大多数来源商业银行拆借，则货币乘数不受影响。在专栏 1 中，一个简单的数学证明将说明金融租赁公司对货币创造乘数的影响。

专栏 1

金融租赁服务与货币创造乘数

在标准的货币创造模型，假设中央银行要求的商业银行法定存款准备金

规模是 R，商业银行体系流出的现金规模是 C，商业银行体系的存款规模是 D，金融租赁公司的租赁合同规模是 L，此时，货币乘数可以表示为

$$m = \frac{C + L + D}{C + R} = \frac{C/D + L/D + 1}{C/D + R/D} = \frac{C/D + (L/C)(C/D) + 1}{C/D + R/D} \triangleq \frac{c + l \cdot c + 1}{c + r}$$

其中，$c = C/D$ 是商业银行的通货—存款比率，$l = L/C$ 是金融租赁合同交易额与流通中通货的比例，$r = R/D$ 是商业银行的法定存款准备金率。很显然，下面的不等式成立

$$\frac{\partial m}{\partial l} = \frac{c}{c + r} > 0$$

也即是说，金融租赁合同交易额越大，全社会货币乘数就越高。

进一步，可以讨论商业银行的通货—存款比、存款准备金率对金融租赁合约效应的影响。很容易得到如下两个式子：

$$\frac{\partial^2 m}{\partial l \partial c} > 0$$

$$\frac{\partial^2 m}{\partial l \partial r} < 0$$

第一个式子意味着，商业银行原来的现金漏出率越高，在金融租赁公司出现以后的货币创造乘数效应也就越大；第二个式子意味着，商业银行原来的存款准备金率越高，则金融租赁公司出现以后的货币创造乘数效应越低。换言之，金融租赁公司出现后产生的货币创造能力，最终还是受制于中央银行的存款准备金率调整。

理论上，金融租赁公司的资金来源是多元化的，包括注册资本、直接债务融资（发行债券等）、同业拆借等多种方式。但是在现阶段中国，金融租赁公司的资金来源十分有限，绝大部分来自于银行贷款。至于其他融资手段，则是杯水车薪。国家对债券发行的控制较为严格，金融租赁公司很难通过发行债券获得资金融通，即便是能够发行，资金数量也十分有限。至于股票上市，则更难达到条件，迄今为止大陆尚未有一家租赁公司被批准发行股票。在此种情况下，金融租赁公司只能把同业拆借资金作为资金来源的重要补充，往往还是以短期资金支持租赁项目的长期占用。因此，金融租赁公司与商业银行贷款联系非常紧密，故而对货币乘数的影响不大。但是，随着将来金融

租赁公司的资金来源多元化，可以更多地通过非银行渠道——包括发行债券和股票——获得资金，那么金融租赁公司的运营将会增加货币乘数，扩大货币供应总量。

（二）金融租赁对基础货币的影响

在现行金融体制下，货币供给的实现机制是中央银行向以商业银行为主体的金融体系注入基础货币，商业银行在此基础上进行信用创造，向整个社会供给最终货币。这一传统机制是建立在以下两个基本假设基础上的：（1）中央银行能够独立、外生的控制基础货币；（2）以商业银行为主体的金融体系是唯一能够吸纳资金并且提供资金融通的机构。据此，形成现代货币供给理论的基本公式：

$$M = m \cdot B$$

其中，M 是货币供给量；m 是货币乘数；B 是基础货币。给定货币乘数，央行的基础货币调控是整个货币政策体系的基础。

金融租赁机构的经营活动，除了使得全社会的货币供应乘数会出现适度上升之外，还会对央行的基础货币发行产生影响：

第一种是适应性影响。由于全社会货币供应不是完全由货币当局单方面决定，还会受到经济体系内部诸因素（例如投资、消费）的影响。金融租赁活动的产生，使得许多原本难以从银行获得贷款的企业也有可能获得替代性资金，从而减少人们平时对现金的预防性需求、加快货币流通速度，从而减少实际货币供给的相对量。这就意味着，央行只需要较少的基础货币调整，就能实现既定的货币供应目标。这一点，从上面的货币供给公式也能很容易看出。例如，在货币乘数不变的情况下，如果央行希望将 M_2 供应增速下调 6 个百分点，那么基础货币也需要相应下调 6 个百分点；但是，现在由于金融租赁活动的发生，假设货币乘数因此翻了一倍，央行只需要将基础货币下调 3 个百分点，就能够达到同样的经济目标。

第二种是结构性影响。除了总量影响外，金融租赁业务还会对中央银行的基础货币结构产生影响。央行的基础货币分为三个部分：流通中的现金、法定存款准备金和超额存款准备金。其中，法定存款准备金的多寡很大程度被央行所决定，而流通中的现金和超额存款准备金的多寡还会受到普通民众和商业银行的需求影响。如果中央银行供给的基础货币被超额准备金和现金所吸收，意味着这部分资金不能用于借贷和参与信用创造，基础货币的派生作用也就无法有效发挥（见专栏2）。金融租赁活动的产生，商业银行的资金用途得以拓展，可以减少超额存款准备金，民众也会减少现金持有，而将这些资金用于金融租赁活动，此时超额存款准备金和现金占基础货币的比重降低，法定存款准备金比重上升，即参与信用创造的资金会增加，社会总货币供给增加。考虑中国实际，超额准备金的比重本身还会受到货币政策——尤其是超额准备金利率——的影响，商业银行的主动性并不是很大，这也会进一步增强宏观调控的结构性影响。从这个角度来看，在金融租赁活动出现以后，基础货币调控的灵敏度会增加。

综上所述，适应性影响和结构性影响对基础货币的作用是一致的，都会增强基础货币的最终货币供给量的影响灵敏度。所以，金融租赁公司的出现，最终结果是增加了央行基础货币发行的灵敏度，有利于中央宏观调控政策的实施。

专栏2

基础货币结构与信用创造

在正文中，曾经指出基础货币结构会影响货币的信用创造。根据 Laurence Ball（2011）[①] 的论述，基础货币的三种不同构成：现金、法定存款准备金和超额存款准备金，所产生的信用创造能力是截然不同的。

（1）法定存款准备金：由于央行通常规定法定存款准备金率，基础货币中法定存款准备金的增加会相应带来存款的增加，这就意味着可以用于信贷、参与信用创造的资金增加，从而起到扩大货币供给的作用。

（2）超额存款准备金：商业银行储备在央行的超额存款准备金是出于自愿的选择，在经济形势高涨时，社会投资机会增加，超额准备金数量减少。但是，超额存款准备金增加，也并不意味着居民存款会增加，因此被超额存

---

① Laurence Ball, Money, Banking and Financial Markets, Worth Publishers, Second Edition, 2011.

款准备金吸收的基础货币不参与信用创造。

（3）流通中的现金：流通中的现金多寡是普通居民的选择，也非央行能完全决定。这部分现金被视为商业银行体系的漏出，也不参与信用创造。

因此，基础货币构成中，法定存款准备金比重越高，则参与信用创造的货币也就越多；超额存款准备金和流通中的现金越多，参与信用创造的货币就越少。在金融租赁活动产生以后，超额存款准备金和现金在基础货币中的比重发生改变，因此会对信用创造产生影响。

（三）小结

本小节的主要结论是：（1）由于金融租赁公司不需要缴纳法定存款准备金，还可以利用流出商业银行的现金漏出，因此货币的信用创造乘数会增加；（2）货币乘数扩大，使得较少的基础货币调整，就能够实现既定的货币供给目标；（3）金融租赁活动的产生还会改变基础货币结构，进一步增强基础货币调整的灵活性，有助于中央银行宏观调控政策的实施。

三、金融租赁对货币政策工具的影响

第二部分集中考察了金融租赁对中央银行货币供给造成的影响，证明了金融租赁将会增加货币创造过程的灵活性。然而，中央银行在实际调节货币供给的过程中，并不能直接发放或回收货币，而是必须依赖相应的货币政策工具。因此，理清金融租赁对各种货币政策工具的影响，是理解金融租赁与货币政策关系中关键的一环。

货币政策工具是中央银行为了实现货币政策最终目标所采取的具体操作手段。一般而言，货币政策工具可划分为一般性货币政策工具、选择性货币政策工具（针对不同行业的信用控制、优惠利率等）及补充性货币政策工具（直接信用控制和间接信用控制等）。在我国，《中国人民银行法》第二十三条规定中国人民银行为执行货币政策，可以运用的货币政策工具包括：要求银行业金融机构按照规定的比例交存存款准备金；确定中央银行基准利率；为在中国人民银行开立账户的银行业金融机构办理再贴现；向商业银行提供贷款；在公开市场上买卖国债、其他政府债券和金融债券及外汇以及国务院确定的其他货币政策工具。但总体而言，使用最广泛的仍然是一般性货币政策工具的"三大法宝"：法定存款准备金、再贴现政策和公开市场操作业务。

金融租赁作为新型的金融工具，使得市场参与主体有更多的选择，从而改变货币供应和利率等的传导机制。事实上，针对不同的货币政策工具，金融租赁业的产生将对其作用机理产生不同的影响。本部分将对常规的三大货币政策工具进行逐一讨论。

（一）金融租赁会削弱法定准备金率政策的控制力

法定存款准备金制度是指中央银行要求存款性金融机构按照其吸收存款的一定比例将资金交存中央银行。一方面，存款准备金保证了存款性金融机构能够应对日常客户提取存款所带来的资金波动；另一方面，存款准备金率亦成为中央银行调节货币供应量的重要货币政策工具。存款准备金率对货币供应的具体作用机制是，由于存款准备金只是存放在中央银行，不会进行信用创造，因此中央银行可以通过调节存款准备金率来控制货币创造乘数，在不增发基础货币的情形下，收缩或扩大货币供应总量。

金融租赁业务的兴起，特别是银行系金融租赁业务的开展，将降低法定存款准备金政策对货币供应的控制力。主要原因是金融租赁公司并没有法定存款准备金要求，向金融租赁的资金拆借会使得部分资金游离于银行体系之外，使得银行原本会缴纳的法定准备金减少，从而增加货币供给。此外，由于部分资金已经游离于银行体系之外，不受存款准备金率的控制，因此调节存款准备金率所能影响到的资金占市场上所有资金的比例将减少，法定存款准备金政策效果被进一步削弱。下面，通过一个简单的案例，对上述机理进行说明。

1. 情形 1：没有金融租赁公司时

在没有金融租赁公司时，若原来银行体系有基础货币 100 万元，法定存款准备金率为 10%，假设所有贷出的资金又回到银行体系内且银行不持有超额准备金，那么货币总量为 $100 + 90 + 81 + \cdots = 1000$ 万元。如果人民银行希望减少货币供应量至原来的一半，那么其只需要将存款准备金率提高至 20%，

此时货币总量变为 $100 + 80 + 64 + \cdots = 500$ 万元。

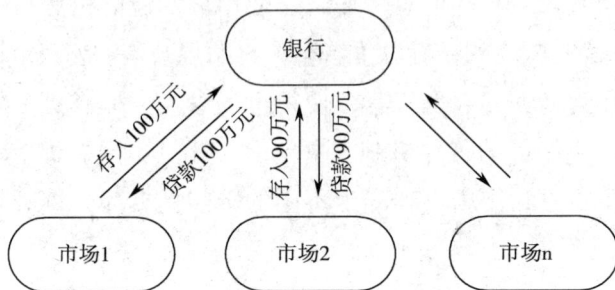

图 3 – 1　没有金融租赁公司时的法定存款准备金效力

2. 情形 2：存在金融租赁公司

存在金融租赁公司时，同样假设原来银行体系有基础货币 100 万元，法定存款准备金率为 10%，且银行不持有超额准备金，但银行和社会资本均可以向金融租赁公司注资。如图 3 – 2 所示，银行向金融租赁公司（假设只有 1 家）注资 50 万元，金融租赁公司向生产商支付 50 万元购买设备用于租赁给他人（图中承租人略去），生产商拿到 50 万元款项后将一半的资金重新注资金融租赁公司（例如购买金融租赁公司发行的债券），剩下一半存入银行；在银行方面，不考虑生产商存入的存款时，银行可以贷出 50 万元资金。在此情形下，首先银行体系内货币创造为 $50 + 45 + 40.5 + \cdots = 500$（万元），而金融租赁公司主导的货币创造为 $50 + 25 + 12.5 + \cdots = 100$（万元）；此外，生产商还会将收入重新存入银行，产生 $25 + 12.5 + 6.75 + \cdots = 50$（万元）存款，银

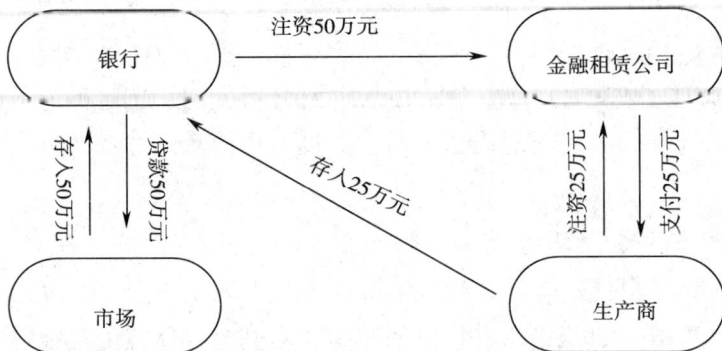

图 3 – 2　金融租赁公司存在时的银行体系资金流动示意

行可以将存款用于再放贷，这一轮创造的货币为 50 + 45 + 40.5 + … = 500（万元）。在此过程中，有 100 万元货币是在银行体系之外创造出来的，这部分并不受存款准备金率的限制。此时，如果中央银行将存款准备金率调为 20%，银行体系的货币创造会减半，变为 500 万元；但通过金融租赁产生的货币创造不会受到影响，还是 100 万元，总量为 600 万元，并未达到央行的紧缩目的，因而不如情形 1 时的法定准备金率调整有效。

值得注意的是，通过金融租赁公司创造货币的多寡由两个因素确定，银行初始注入金融租赁公司的资金比例以及生产商重新注入金融租赁公司的资金比例。这两部分是市场行为，中央银行无法控制。因此很有可能的情景是，中央银行通过提高存款准备金率紧缩货币，但银行和企业更多地把资金投入金融租赁中，以此规避存款准备金限制，这种内生性的适应行为将使法定存款准备金率的效力进一步弱化。

（二）金融租赁会提高再贴现政策的影响

根据我国《商业汇票承兑、贴现与再贴现管理暂行办法》，再贴现是指"金融机构为了取得资金，将未到期的已贴现商业汇票再以贴现方式向中国人民银行转让的票据行为，是中央银行的一种货币政策工具"。中央银行一般通过规定再贴现票据的种类与条件、规定再贴现业务的对象、调整再贴现率来实施再贴现政策。其中，最常用的手段是直接调整再贴现率，其机制是：央行提高/降低再贴现率，商业银行和其他金融机构会更少/更多地将票据向中央银行再贴现，从而获得更少/更多的资金，整个市场获得更少/更多的货币供应量。金融租赁公司的发展，会提高再贴现政策的有效性，主要原因包括：

第一，由于金融租赁公司可以将票据向商业银行贴现获得资金，因此会受到再贴现率的影响。当中央银行提高再贴现率时，商业银行再贴现票据获得资金的成本有所提高，相应地，金融租赁公司向商业银行贴现相关票据的成本也将提高，获得的资金也将减少。因此，从这个意义上来说，金融租赁公司的业务发展同样受制于央行的再贴现政策。

第二，金融租赁业务产生后，由于金融租赁公司没有存款准备金率限制，其会使得社会总体的货币乘数扩大。因此，如果央行要达到同样的货币政策目标，仅需要改变少量基础货币。从这种意义上说，央行的再贴现政策有所加强，体现在：（1）央行在同等情况下调整再贴现率的幅度更小，这样更容易精确操作；（2）票据向单方面的转让交易量会变少，这减小了对票据市场的压力，不会出现由于票据不足从而使再贴现政策受到制约的情况。

（三）金融租赁会增加公开市场操作的效力

公开市场操作是指通过中央银行与指定交易商进行有价证券和外汇交易，借此回收或者释放流动性，实现货币政策调控目标的货币政策工具。在中国，中国人民银行的公开市场业务主要包括回购交易、现券交易和发行中央银行票据（央票）等。其中，回购交易分为正回购和逆回购两种，正回购是中国人民银行向一级交易商卖出有价证券，并约定在未来特定日期买回有价证券的交易行为；逆回购是中国人民银行向一级交易商购买有价证券，并约定在未来特定日期将有价证券卖给一级交易商的交易行为。现券交易分为现券买断和现券卖断两种，前者为央行直接从二级市场买入债券，一次性地投放基础货币；后者为央行直接卖出持有债券，一次性地回笼基础货币。以回购交易为例，公开市场操作影响货币政策的机制是：中央银行向金融机构购买/出售有价证券时，就会向金融机构支付/收取资金，从而使这部分货币进入/流出金融体系，不能再进行货币创造。因此，正回购为央行从市场收回流动性的操作，正回购到期则为央行向市场投放流动性的操作；逆回购为央行向市场上投放流动性的操作，逆回购到期则为央行从市场收回流动性的操作。

金融租赁公司的出现并不会削弱公开市场操作的效力。尽管金融租赁公司出现使得部分货币创造过程转移到银行体系之外，但是金融租赁公司大量资金仍然来源于银行注资或者是银行信贷，一旦市场中基础货币减少，金融租赁公司创造货币的基础货币必然也会受到影响。同样考虑第1小节中的例子，初始时银行中有100万元基础货币，当中央银行实施正回购，向银行体系出售50万元有价证券，整个体系中的基础货币只剩下50万元，此时经过信用创造后的货币总量为550万元，正好相当于基础货币为100万元时的一半。因此，公开市场操作不会受到金融租赁公司业务活动的影响。

从另一个角度来看，由于金融租赁公司的存在，货币乘数有所扩大，要达到特定规模的货币数量目标时，需要进行公开市场操作的规模会相应缩小。与再贴现政策类似，这会增加公开市场操作的准确性，同时也大大加强了中央银行吞吐货币的能力。在大规模的公开市场操作中，这种节约是有意义的：当中央银行要迅速紧缩时，较大的货币乘数能够使政策快速见效，同时不会对央行持有的有价证券产生过大的压力；当中央银行需要充当最后贷款人，大量购入有价证券时，较大的货币乘数可以使央行资产负债表不会过于膨胀。

金融租赁的发展，往往也会受到另外两个因素的影响，一是将目前金融租赁的发展和20年前的"金融三乱"相提并论；二是将金融租赁视为中国影子银行系统的组成部分。我们不否定加强对金融租赁公司的资本充足率、经营杠杆率、风险管理监管的重要性。但和历史相比，和国际横向相比，还是应当注意中国金融租赁的创新性和差异性。

（四）小结

金融租赁的业务活动对于不同货币政策工具的效力影响有所不同。由于能够利用游离于银行体系之外的资金，法定存款准备金率的效力将会减弱。但由于再贴现政策和公开市场操作货币乘数改变基础货币供应量，不仅不会受到金融租赁的影响，还会因为货币乘数的增加而变得更加有效。金融租赁不应简单化地视为影子银行系统的一部分。

四、金融租赁对货币政策传导机制的影响

第二部分和第三部分分别说明金融租赁发展对货币供应量以及货币政策工具的影响。但是，中央银行在实施货币政策的时候，还需要关注具体的传导机制以及相应的中介目标，随时评估货币政策实施的有效性。

在传统的货币银行学理论中，货币供给量和利率是最常见的两个中介目标。在本部分内容中，我们首先会说明，随着金融租赁公司以及其他创新性金融产品的发展，精准地测度货币供给量面临越来越大的挑战，因此利率可能是更适宜选择的中介目标；接下来，我们转而探讨金融租赁公司发展对货币需求的利率弹性的影响；最后，由于金融租赁公司以及其所服务的大型机

械设备投资对利率更加敏感，从而使得货币政策通过利率渠道对实体经济的影响更具效力。

（一）货币供给量作为中介目标的可测性下降

可测性是中央银行选择中介目标的重要依据之一。中央银行需要迅速而准确地获得有关中介目标的数据信息，进行定量分析，及时地得到货币政策实施效果的反馈，并可以根据反馈进行货币政策的修订和调整。但是，金融租赁公司的发展使得货币数量的计算和测量的准确性受到挑战。

传统的广义货币供给量 M_2 包括流通中的现金、储蓄存款、活期和定期存款、其他存款以及证券公司客户保证金，即便是更加广义的 M_3（中国尚未公布）往往也不将金融租赁的交易合同额纳入范围。然而，金融租赁交易对设备使用方提供资金融通，客观上扮演交易媒介和支付媒介的功能，因此理应算做货币的一部分。但是，中国人民银行所公布的货币供给量中迄今也未包括金融租赁的交易媒介。这一界定范畴，既是传统延续，也带有一定的合理性。第一，在金融创新日新月异的当前社会，类似金融租赁的其他非存款类但又扮演支付功能的金融工具也有不少，几乎不可能全部纳入货币范围；第二，金融租赁工具的服务对象毕竟有限，提供的流动性往往受制于机械设备需求者，是标准意义的"准货币"[①]。所以，尽管随着银行系金融租赁公司的发展，越来越多的银行资金流向金融租赁行业，但是将之全部纳入货币供给量的统计范围是不大可能的。

但是，尽管金融租赁活动的交易额无法体现在广义货币指标 M_2 中，但它实实在在地增加了全社会的货币供给总量，同时会改变利率水平，对货币政策的传导效力产生影响。因此，站在中央银行的视角，继续依赖广义货币指标 M_2 作为中介目标是不恰当的，这会将金融租赁公司的经营活动变化排除在外，从而低估货币政策的实施效力。所以，选择利率作为货币政策实施的中介目标成为更加现实的选择。

---

① "准货币"，英文是"quasi－money"，是指承担部分货币职能，但又与标准的现金或者存款类金融产品不同的金融工具。

（二）金融租赁公司发展与货币需求的利率弹性

考察货币政策是如何通过利率渠道发挥效应，首先需要理清货币供给对利率的影响。但是，货币供给对利率的影响，实际上取决于货币需求的利率弹性。因此，这里首先分析货币需求的利率弹性是如何随着金融租赁公司的发展而相应变化。

传统观点认为，货币需求之所以会存在利率弹性，是因为金融资产是一种产生利息的替代性产品。利率越高，持有金融资产的收益也就越高，持有货币的机会成本增加，因此人们会减少对货币的持有；相反，利率越低，持有货币的机会成本也就越低，人们会增加对货币的持有。由于金融租赁公司提供的融资租赁服务能够产生收益——租金收入，因此会降低人们对持有其他金融资产的依赖性。此时，货币的投资需求对利率的敏感程度就会降低，货币需求曲线变得更加平稳。也即是说，随着金融租赁活动越来越频繁的发生，利率需要较大幅度的变化，才会使得全社会的货币需求发生变化。

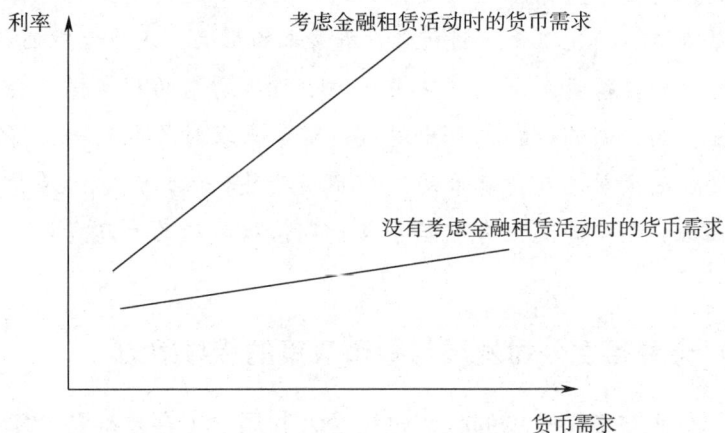

图 4 – 1　金融租赁活动与货币需求曲线

金融租赁公司的发展与货币需求利率弹性变化之间的关系，与其他新型金融产品对货币需求利率弹性的影响是一致的（见专栏 3）。大部分的实证研究也支持这一结果，即金融产品创新会降低货币需求的利率弹性，但同时也指出，这一影响是很小的。卡甘和舒尔茨分析了 1921—1971 年美国的情况，发现此期间金融产品种类出现几何级数增长，货币需求的利率弹性在此期间没有上升，反而下降。梅尔斯和伍德对同一时期英国的研究也表明，尽管此期间有重大金融创新发生，但利率弹性没有出现大的变动①。

专栏3

新型金融产品发展和货币需求的利率弹性

一般认为，新型金融产品的发展会导致金融资产种类增多，此时，货币需求的利率弹性变化是不确定的。

以帕廷金为代表的传统观点认为，新的金融工具出现会导致持有货币被其他替代物所取代，对货币的需求会减少，货币需求曲线变得更加水平，货币需求的利率弹性增大。

但是，另一些学者则认为，新的金融工具出现对不同的货币持有者影响是不同的。因而造成货币需求曲线和利率弹性变动会各不相同，那些利率弹性较低的需求对货币总需求起决定性作用，其结果是货币需求弹性变小。马修斯和汤普森专门研究了金融创新对货币需求的影响，认为金融创新使得 LM 曲线斜率对利率变得更加陡峭，从而反推出货币需求的利率弹性会变小。还有一种观点认为，新的金融工具出现后，货币需求对长期利率变得更加缺乏弹性，因为新的金融工具是货币的互补品而非替代品，但它们是长期资本的替代品。因此，利率的变化有可能导致长期债权和新的有息资产被替代，而不是货币被替代。

（三）金融租赁公司发展与货币政策的传导效力

中央银行实施货币政策的具体过程是，利用法定存款准备金率调整、再贴现率调整和公开市场操作，经过中介目标最终将政策效果传导至最终目标。前文已经论述，在金融租赁公司以及其他创新性产品出现之后，以 M_2 作为中介目标的准确性降低，客观上要求转向利率作为中介目标。因此，整个货币政策的传导过程现在分为两个部分：（1）货币政策工具（法定存款准备金率、

---

① 这部分内容，可以参阅范立夫在 2011 年所著《金融创新下的货币政策》一书。

再贴现率和公开市场操作）调整对利率的影响；（2）利率对实体经济的影响，包括对投资的影响以及通过资产价格变化所产生的财富效应。具体过程参见图4－2。本节的论述表明，金融租赁公司的发展不仅会使得货币政策工具对利率的影响变得更加灵敏，而且还会强化利率通过投资渠道对实体经济的影响。

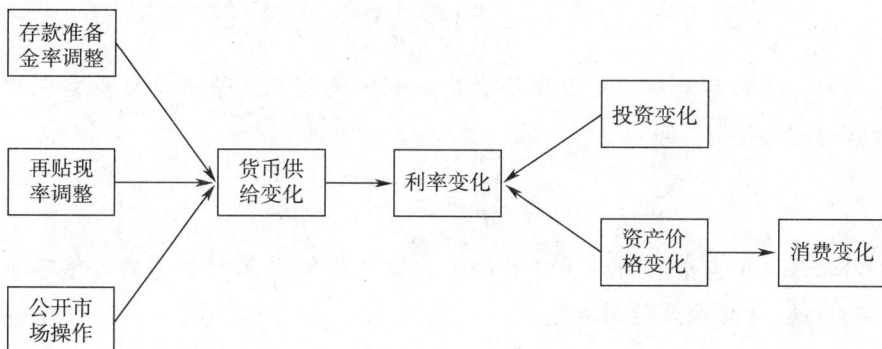

图4－2　货币政策传导机制示意

第一，金融租赁公司的发展，会使得货币政策工具调整对利率的影响更加敏感。货币供给调整之所以会影响利率，是因为货币市场平衡客观上要求货币需求等于货币供给，而后者需要利率调整加以配合。第二小节的论述已经表明，货币需求的利率弹性会随着金融租赁市场的发展而逐渐降低。因此，当货币供给增加的时候，需要更大幅度的利率下降才能保证货币需求增加，从而平衡货币市场。换言之，随着金融租赁市场的发展，货币供给增加会带来更多的利率下降，使得利率中介目标反应更加敏锐。如果用标准的凯恩斯主义宏观经济学术语表达，这就意味着，LM 曲线变得更加陡峭（参阅专栏4中的数学证明）。

专栏4

金融租赁发展与 LM 曲线变化：数学证明

标准的 LM 曲线表示货币供给和货币需求的平衡，货币供给被视为央行外生决定的变量，货币需求则被认为是收入的增函数和利率的减函数。为简化

起见，假设货币需求只与利率相关，即

$$M^s = M^d$$

$$M^d = e \cdot Y - d \cdot r$$

其中，M^d 是货币需求；M^s 是货币供给；r 是利率；d 是货币需求的利率弹性。上面两个式子相结合，可以得到

$$r = \frac{e}{d}Y - \frac{1}{d}M^s$$

因此，很容易看出，货币供给变化对利率的影响，恰好是货币需求的利率弹性的倒数 $1/d$，即

$$\frac{\mathrm{d}r}{\mathrm{d}M^s} = -\frac{1}{d}$$

因此，货币需求的利率弹性 d 越低，货币供给变化对利率的影响就越敏感。相应地，LM 曲线的斜率是

$$\frac{\mathrm{d}r}{\mathrm{d}Y} = \frac{e}{d}$$

随着货币需求的利率弹性 d 的不断下降，LM 曲线斜率越大，即 LM 曲线变得更加陡峭。

第二，金融租赁公司的发展会强化利率对投资的影响。利率是投资的机会成本，利率下降意味着投资的成本减少，从而刺激投资增加。现阶段中国，金融租赁公司的主要资金来源是同业拆借，因此央行制定的基准利率下调会相应降低同业拆借利率，从而降低金融租赁公司的融资成本，刺激金融租赁公司更多地支持大型设备租赁活动。大型设备的租赁融资机会增加，会扩大企业获得大型设备的机会，从而扩大企业投资。这就意味着，在金融租赁公司发展滞后，投资活动现在对于利率的变化会更加敏感。

总结以上两点，随着金融租赁活动的日益频繁，货币政策工具调整对利率的影响会更加敏感，而利率对投资的影响也会得到强化。在这种背景下，中央银行的货币政策传导渠道变得更加通畅，实体经济会更加敏锐地对金融租赁变化作出反应。但是需要注意的是，此时货币政策传导机制是以利率作为中间机制，这也在客观上要求央行以利率而不是 M_2 作为货币政策的中介监控目标。

（四）小结

本部分内容重点讨论金融租赁公司对货币政策传导机制的影响。第一，金融租赁活动的发展，使得传统的以广义货币供给量 M_2 作为中介目标的货币政策判断模式越来越困难，客观上要求中央银行转向以利率作为货币政策中介目标。第二，金融租赁公司的发展会降低货币需求的利率弹性，从而强化货币供给变化对利率的影响。第三，金融租赁公司的发展使得利率变化对实体经济的影响更加敏锐。最终结论表明，金融租赁公司的发展能够疏通货币政策传导机制，使得中央银行货币政策更有效地调节宏观经济，这也要求货币当局监测货币乘数，并更多地运用价格型调控手段。

五、宏观经济形势与金融租赁公司发展

2007 年，银监会颁布《金融租赁公司管理办法》，中国的金融租赁行业获得迅速发展。但是，也就在同一时间，次贷危机风暴开始席卷美国、欧盟和日本等主要金融市场，中国的宏观经济形势出现变化。在此背景下，中国的金融租赁公司的发展也受到明显的周期性影响。

本部分首先阐述 2007 年以来的中国宏观经济形势，观察金融租赁业在宏观经济背景下的走势，并提出在当前宏观经济形势下金融租赁业将扮演相对更重要的角色。然后，讨论在经济低迷的时候，企业存在普遍的去库存化动机，商业银行面临补充资本金压力，金融租赁公司究竟有何作为。最后，分析农业现代化对金融租赁公司创造的机会和挑战。

（一）宏观经济形势变化与金融租赁发展

金融租赁的特征是既融资又融物，其中的融物一般是指大型机械设备，而大型机械设备的市场往往与整体宏观形势密切相关。当经济景气时，企业纷纷购置大型机械设备，扩大生产；当经济萧条时，企业则首先缩减投资，减少添置大型机械设备。因此，金融租赁业的发展上会受经济整体的宏观形势的影响，但是金融租赁是顺周期的行业，还是逆周期的行业，暂时还难以判断。

从 2007 年到 2011 年，中国宏观形势出现了两起两落。2007 年第二季度，中国 GDP 同比增长率达到 15% 的高点，通货膨胀率也达到 3.6%。随后在金融危机的影响下，中国经济一路下滑，到 2008 年第三季度经济增长率跌破 10%，2008 年第四季度和 2009 年第一季度到达最低点 6.6%。与此同时，通货膨胀率首先迅速攀升，之后又转入紧缩，2009 年月平均同比通货膨胀率最低下降至 –1.5%。随着四万亿刺激计划逐渐落实，中国经济开始复苏，到 2009 年底和 2010 年初经济增长率均达 12% 以上，通货紧缩也告一段落。但上一阶段的流动性泛滥导致通货膨胀率迅速反弹，迫使政策转向牺牲增长以控制通胀，同时刺激政策结束也使得经济增长缺乏动力。2011 年起，GDP 增长率开始新一轮放缓，到年底仅为 8.9%（见图 5 – 1）。

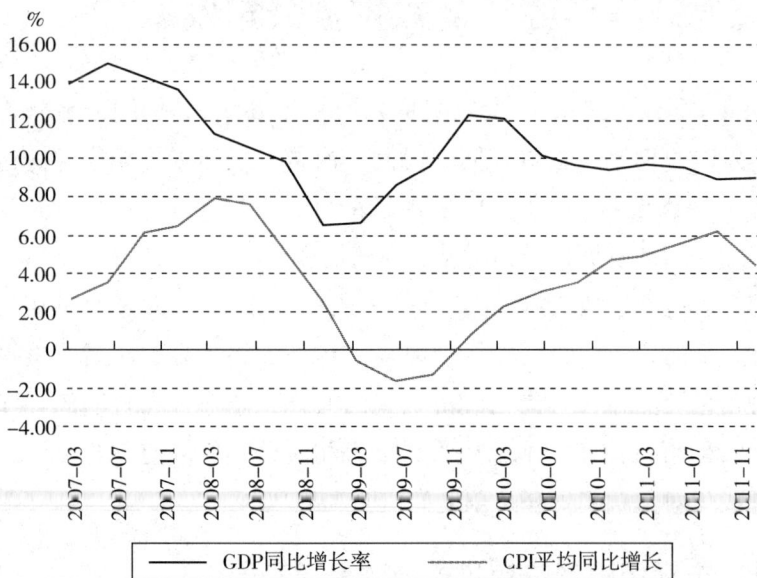

资料来源：国家统计局。

图 5 – 1　2007—2011 年我国 GDP 同比增长率及 CPI 平均同比增长率（季度）

在这种背景下，金融租赁业也同样经历了类似的发展路径。2007 年到 2011 年，我国金融租赁合同余额增加额分别为 80 亿元、330 亿元、1280 亿元、1800 亿元和 400 亿元，2008 年到 2011 年增长率分别为 320%、288%、

41% 和 -78%，整体增速呈下降趋势。然而，值得注意的是，2007 年我国新《金融租赁公司管理办法》付诸实施，金融租赁刚刚开始迅速发展，因此基期值较小，导致 2008 年、2009 年两年增速异常高企，均大于 200%，这对金融租赁行业走势的整体判断会造成一定影响。

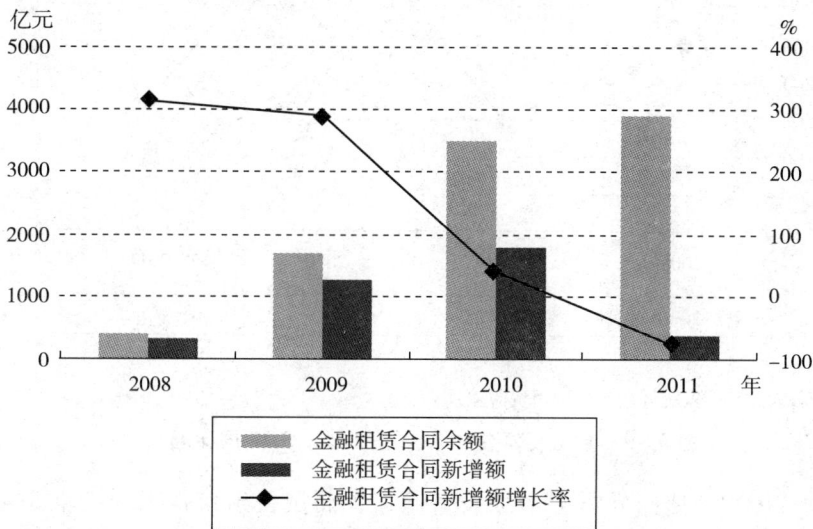

资料来源：中国租赁联盟。

图 5 - 2　中国金融租赁发展概况

通过比较 GDP 同比增长率和金融租赁合同增加额作为观察指标，可以发现，除了 2008—2009 年两者的走势略有不同外，2009—2011 年金融租赁合同增加额于 GDP 同比增长率保持良好的相关性（相关系数 > 0.6），而 2008 - 2009 年的差异可以被金融租赁业刚开始发展，基期数较低所解释。因此，除却发展初期，金融租赁业的发展与经济形势密切相关：当经济发展较快时，金融租赁合同增加额越大；当经济发展受阻时，金融租赁合同亦增长乏力。

综合起来，金融租赁行业之所以与宏观经济形势发展紧密关联，主要原因有以下几方面：第一是固定资产投资的变动，因为金融租赁的实质就是承租人利用租赁公司的资金购买设备后租用该设备的过程，因此固定资产投资的强弱势必对金融租赁造成影响。观察数据，全社会固定资产投资增速与金融租赁合同增加额相关系数达 0.4 以上，说明两者关系显著。第二，进出口

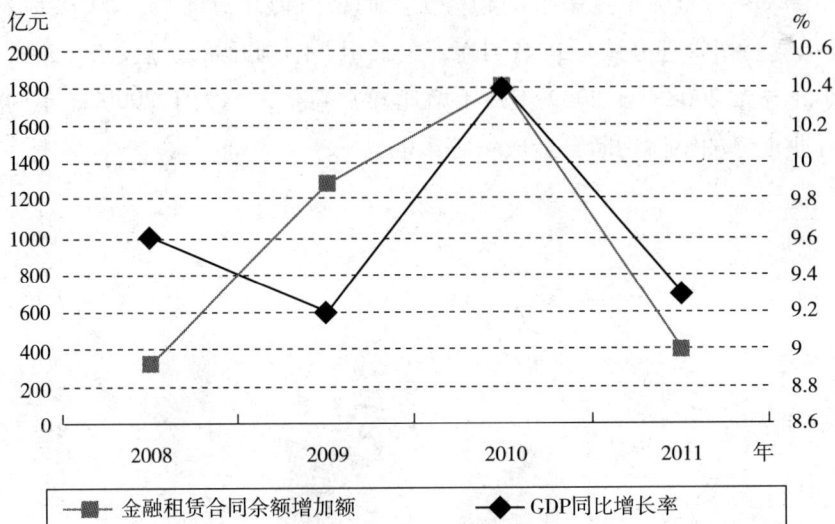

资料来源：国家统计局，中国租赁联盟。

图 5 - 3　金融租赁合同余额增加额与 GDP 同比增长率

的变动。因为旺盛的外需会增加设备出口，而设备出口很大程度上是以金融租赁的方式进行；同时进口增加也会加快引入国外先进的设备，也有很多项目用金融租赁完成。观察数据，进出口总额增长速度与金融租赁余额相关系数较小（仅为 0.03），说明在实际情况中进出口的变动对金融租赁业务的开展影响不大。第三，政策的变动。因为金融租赁发展长期以来受到政策的制约，潜在规模没有得到释放。政策的松动会使得金融租赁业蓬勃发展，2007年新的《金融租赁公司管理办法》的颁布使得金融租赁业复苏即是一例，而2011 年底商务部发布《商务部关于"十二五"期间促进融资租赁业发展的指导意见》也同样使得 2012 年上半年金融租赁乃至整个融资租赁行业迅速增长。

（二）经济低迷时期的金融租赁发展

当前，中国经济形势仍处在低迷状态，外部环境未能改善，国内投资大幅下滑。由于在经济上行周期（尤其是 2006—2008 年）期间，中国企业普遍预期原材料价格上涨、未来盈利空间可观，增加大量产成品和原材料库存，随着经济形势急转直下，企业必须要消化目前的库存，增加手中的现金流，方能重新回到增长的轨道。与此同时，根据新巴塞尔协议，商业银行逆周期地补充资本金的需求也在不断提升，使得企业获得外部贷款的难度增加。资金需求和供给之间的缺口不断扩大，恰恰给予金融租赁公司新的发展机会。

第一，在经济低迷的时候，金融租赁业务的发展虽然会受到市场不景气以及经营设备需求的下降的影响，但相较银行类金融机构，金融租赁公司的融资机会反而会扩大：（1）在经济衰退的时候，企业普遍面临现金流紧张，此时企业从银行选择债务重组（尤其是拓展贷款期限）就变得相对困难，而利用金融租赁公司能够"曲线"完成债务重组，可以帮助企业渡过暂时性难关；（2）在企业需要暂时出售设备以获取资金的时候，金融租赁公司可以采用售后租回的形式为企业提供资金，同时又使其维持现有生产。

第二，在经济低迷的时候，企业会面临资产负债率等财务指标不断恶化的问题，从而影响其后续的资金融通。目前中国上市公司的负债率，是2003年以来最高的，这显示结构调整的压力巨大，企业并购重组难以避免。但是，租赁的一个特点是可以将表内业务转向表外，从而使得资金融通不出现在资产负债表中，改善资产负债率，使企业能够更加容易地获得企业贷款。

第三，商业银行的资本金压力会增加金融租赁公司的潜在机会。商业银行不断承受资本性脱媒和技术性脱媒的冲击。所谓资本性脱媒，指的是银行主动将其资产转移到监管压力小、经营杠杆高，资本回报率高的非银行金融机构之中；所谓技术脱媒，主要是指商业银行受到第三方支付机构在支付转账汇款等领域的影响。由于经济形势不佳，根据新巴塞尔协议的规定，商业银行需要逆周期补充资本金，新增贷款变得尤其困难。企业在从银行渠道获取资金受限以后，往往会转向金融租赁公司，从而给金融租赁公司带来更多的优质客户。认识这一点，对于金融租赁公司拓展海外业务尤其重要。因为欧洲银行普遍开始实施新巴塞尔协议，必须放弃一部分贷款才能满足资本金要求，这就促使欧洲的优质客户可能转向求助于中国金融租赁公司，给中国公司拓展业务带来难得的发展机会。

第四，金融租赁公司自身也会从经济下行中获益。大型设备的价格往往是顺周期的，在经济下行的时候，设备价格比较低，金融租赁购置设备的成本也会相应下降。但是，随着经济逐渐好转，设备价格必然上升。对于企业而言，之所以很难等待设备价格上涨而获益，主要原因是资金流不足。金融租赁公司的融资能力要强于企业，因此在经济下行时逆向购买设备，包括考虑开展经营租赁业务，最终会从中受益。

第五，相对于银行而言，金融租赁公司不易受到坏账问题的困扰。假如银行向企业发放抵押贷款，银行拥有资产的抵押权，一旦企业无力偿还，进入破产程序，银行需要经过一个诉讼程序处置企业资产，才能获得抵押资产拍卖之后的资金。问题在于，抵押权之前还有其他权益，在处置好这些权益后可能所剩无几；同时银行不能持有资产，只能获得拍卖后的资金。一般产生坏账的时间都是经济萧条、资产价格比较低的时候，此时资产拍卖价值必然较低。对于租赁公司而言，其拥有租赁资产的所有权，不需要经过诉讼程序，可以在承租人违约后直接收回，节约了时间成本；同时金融租赁公司可以持有资产，等待市场回暖后，再出租或出售资产，因而能挽回更多的损失。

但是，尽管存在诸多潜在好处，但是政策层面的阻碍也是存在的。如果政策层面给予更多的支持，有助于更加充分地发挥金融租赁公司的优势。

首先，目前金融租赁公司融资渠道非常有限，除母公司注资以外，绝大多数资金来源于同业拆借。在这种情况下，虽然经济下行的时候存在许多机会，金融租赁公司也没有充分的资金去满足客户需求。因此，政策层面可以考虑降低金融租赁公司发债和发行股票的门槛，在不影响全社会货币供给总量的前提下，拓展他们的融资渠道，优化资源配置。

其次，现在金融租赁公司不允许设立分支机构，海外业务的拓展往往是依托于其他机构"绕道而行"，无形之中增加了金融租赁公司拓展海外业务的交易成本。在海外业务（尤其是飞机和船舶）已经成为大中型金融租赁公司重要的业务组成部分的时候，加之海外商业银行提供信贷的能力有限，这是推动国内企业走向世界的良好时机。

最后，银监会对金融租赁公司的监管仍然沿袭商业银行监管体系，未能充分考虑融资租赁业务本身的特征。由于金融租赁公司在资金来源、业务组成乃至风险管理上都存在许多自身特征，需要建立行之有效且能充分发挥其效力的特定监管模式。

（三）农业现代化与金融租赁发展

目前，中国的农业部门仍然主要采用以家庭单位为单位、分散的、小规模的经营模式。这种经营模式与中国农业人口众多、土地资源相对稀缺的传统经济特征是切合的。但是，随着中国的工业化和城市化进程不断加快，留在农村继续从事农业经营的人口越来越少，人多地少的状况也在逐渐发生改变：国内的农村青壮劳动力大都进入城市工作，同时农民的土地流转积极性不高，导致许多地方出现不同程度的土地撂荒。为弥补农村剩余劳动力的日益减少，中国的农业生产必然走向以资本替代劳动的新型化道路。但问题就在于，农村的资本投入也相对匮乏。在许多地区，农村基础设施投资老化，农户不愿意投入，特别是对于农田水利、道路等基建投资，一次性投入高，效益又不在自己，农户连修复意愿都不强，更别说新建。

与此同时，农村居民的融资渠道十分有限，主要依靠农村信用社、农村商业银行、邮政储蓄银行以及民间借贷等，大型商业银行的积极性普遍不高，造成农村信贷资金始终偏紧，尤其是基础设施贷款、机械设备贷款远远不能满足农村需要。此外，银行提供的农村信贷以短周期、小额贷款为主，而农村基建投资和机械设备技术含量和资本含量提高，使用期限也会很长，传统的农村贷款很难满足农村的长期投资需求。在这种背景下，以农业活动为方向的金融租赁业务具有广泛的发展前景。

第一，金融租赁公司可以更多地服务农业生产的机械购置。中国的农业生产具有分散化经营特征，季节性较强，而农业机械设备功能的充分发挥客观上要求保证一定的作业时间和工作量，这就使得以金融租赁公司作为设备所有者出租设备给多家农户共同使用，更能满足农村居民的需求，避免资源浪费。

第二，金融租赁公司可参与农田水利建设。近年来不断出现的灾难性天气，使得水利建设变得尤为重要。但是水利建设具有一次性投入、收益回报共同分担的公共品特征，仅依靠个体投入是不现实的，因此金融租赁公司可以在设备购置、选定、出租以及售后上提供综合性服务，解决投入不足的问题。

第三，金融租赁公司较之银行可以更加灵活，例如提供产品时手续相对简便、设计更加人性化，以满足不同农业人群的需要。在此基础上，能够有效提高资金周转率和存货周转率。

当然，为更好地促使金融租赁公司服务于新型农业经营活动，政府应该出台相应的扶持政策予以保障。第一，考虑到农业生产的风险较大，行业利润低，如水利设施建设往往周期长、资金需要量大、见效慢，设施建设过程中和建成后还要面临较大的洪灾等自然灾害风险，可以给予涉农融资租赁项目一定的财政补贴和税收减免，建立涉农租赁基金，对于农业大型项目金融租赁公司可以直接申请政府支持基金。第二，在银行信贷的产业政策制定上，更多地向农村业务倾斜，积极拓展参与农村活动的金融租赁公司的融资渠道，允许其发行债券或股票，从资本市场筹措资金，以更好地应对农村租赁需求。第三，加大宣传力度，考虑中国农村居民的市场经济观念落后，加上社会上对融资租赁的宣传和理论研究严重滞后，人们对融资租赁缺乏了解和认识，"重买轻租"观念仍很普遍。所以，政府和金融租赁公司应该加大与村镇政府的沟通，宣传融资租赁的优势，使农民逐渐接受融资租赁这个新生事物。

（四）小结

当前，中国的金融租赁公司的发展与宏观形势的走势一致，经济高速增长有利于金融租赁公司的发展，反之则影响其发展。但是，即便在低迷时刻，随着企业的去库存化和商业银行补充资本金压力不断增加，金融租赁公司仍然会拥有许多潜在的业务机会，但是政策层面的放宽是必要的。利率市场化总体上有利于金融租赁行业的发展，同时，脱媒现象也是银行系金融租赁公司得以发展的动力。最后，本部分讨论农业现代化对金融租赁公司发展的影响，认为建设新型农业对基础设施投资以及设备购置的需求为金融租赁公司发展创造有利的金融、财税条件。

六、货币政策调控与金融租赁发展：经验证据

前文论述已经表明，金融租赁公司的发展会在理论上对央行的货币供给

以及相应的货币政策工具产生一定程度的影响。本部分内容试图从经验数据视角验证上述观点，这又包括两个子问题：金融租赁活动是否与货币政策的走向一致；金融租赁业与其他金融行业相比较，反应是否更灵敏。

本部分首先通过梳理 2007 年以来我国的货币政策，验证金融租赁交易金额的走势与中国人民银行的货币政策走势一致。然后，通过比较金融租赁行业与其他金融行业在宏观调控时走势的相关性，进一步证实金融租赁行业能够有效地遵循央行的货币政策方向。最后，讨论商业银行利率市场化改革对金融租赁公司的影响。

（一）货币政策调控与金融租赁发展的经验证据

金融租赁行业发展与宏观经济形势的顺周期关系，加上明显的融资特性，说明它与传统商业银行体系一样，会受到市场流动性的影响。而市场流动性，恰恰是中央银行货币政策的调控对象。央行的货币政策工具主要有两种类型：数量型工具（包括存款准备金率，公开市场操作等）和价格型工具（主要是存贷款基准利率以及与之相关的银行同业拆借利率）。这一小节主要以存款准备金率和存贷款基准利率为线索，梳理 2007 年到 2012 年前三季度我国的货币政策及其对金融租赁业数据的影响。

2007 年以来，我国货币政策经历了收紧、放松又到收紧的过程。2007年，为了控制经济过热，我国的货币政策以收紧为主。在数量型工具上，央行分别于 2007 年 1 月 15 日、2 月 25 日、4 月 16 日、5 月 15 日、6 月 5 日、9月 6 日、9 月 25 日、10 月 25 日、11 月 26 日和 12 月 25 日先后十次调高人民币存款准备金率，将人民币法定存款准备金率由 9% 提高到 14.5%，达到了1987 年以来的最高水平；与此同时央行重新启用 3 年期央票，并发行特殊国债集中回收流动性。在价格工具上，央行先后在 2007 年 3 月 18 日、5 月 19日、7 月 20 日、8 月 22 日、9 月 15 日和 12 月 21 日六次上调存贷款基准利率。由于上半年主要延续 2007 年控制过热的政策，下半年开始应对全球金融危机，我国的货币政策在 2008 年前紧后松。在数量工具方面，央行于 2008年 1 月 25 日、3 月 25 日、4 月 25 日、5 月 20 日、6 月 25 日五次调高存款准备金率，从 14.5% 提高 3 个百分点至 17.5%；由于金融危机爆发，央行从 9

月起开始下调存款准备金率，至年底下调至15%；在价格工具方面，2008年
上半年我国存款基准利率保持不变（4.14%），2008年10月9日下调至
3.87%，10月30日下调至3.60%，11月27日下调至2.52%，12月23日下
调至2.25%。2009年，我国的货币政策基本维持不变，继续保持2008年末以
来的宽松信贷环境，以刺激经济增长。其中存款准备金率维持15%不变，存
贷款基准利率均维持2.25%不变。2010年，为了抑制前一时期过于宽松的信
贷环境，防止通货膨胀过快抬头，我国货币政策开始逐渐转为紧缩。央行分
别于2010年1月18日、2月25日和5月10日上调存款类金融机构人民币存
款准备金率各0.5个百分点至17%；存贷款基准利率在2010年前三季度维持
2.25%不变，并于2010年10月和12月分别上涨0.25个百分点至2.75%。
2011年的货币政策以控制通货膨胀为主，因此主旋律是紧缩。央行分别于1
月14日、2月18日、3月25日、4月17日、5月12日和6月14日六次提高
存款准备金率至21%。在价格工具上，存贷款基准利率于2月8日、4月5日
和7月7日上调，达3.5%。此外，2011年9月起，央行将保证金存款纳入存
款准备金交存范围，对不同金融机构分别要求3~6个月完成交存。这一举措
将实现半年内收紧银行流动性约8000亿元，在效果上等同于提高2次存款准

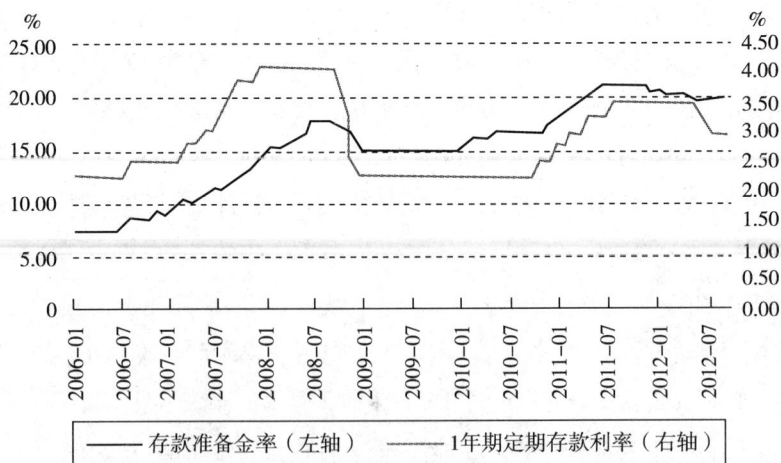

资料来源：中国人民银行。

图6-1　我国的存款准备金率及1年期定期存款利率

备金率；从 2011 年起，央行开始对金融机构实施差别准备金动态调整机制，根据金融机构资本充足率和调控需要进行动态调整。这些制度都进一步加强了货币政策紧缩。2011 年底，随着中国经济走弱，稳增长的要求使得货币政策开始松动，央行也于 12 月微降 0.5 个百分点至 20.5%。2012 年基本延续了 2011 年末开始的宽松态势。2012 年 2 月 24 日和 5 月 18 日，央行两次降低存款准备金率 0.5 个百分点至 19.5%；同时存贷款基准利率也于 6 月 8 日和 7 月 6 日各降息 0.25 个百分点至 3%。

在上述货币政策背景下，我国金融租赁业的发展同样经历了前低后高，又重新回落的特点，在总体上与货币政策的方向是一致的，说明金融租赁业的确受到货币政策的巨大影响。

但是，不同类型政策工具的影响效力定量存在不同。存款准备金率、1 年期存款利率与金融租赁合同增加额的关系如图 6 - 2 所示。若是考察金融租赁合同增加额与存款准备金率、1 年期定期存款利率的相关系数，结果分别是 -0.08 和 -0.21，说明数量型货币政策工具对金融租赁行业的影响微乎其微，但是价格型货币政策工具能够对金融租赁行业产生更显著的影响。这与第三部分的理论推测完全一致。然而，不应忽视的一点是，货币政策往往有一定的滞后性，当期调整存款准备金率或存贷款基准利率并不会马上发挥作用，而是需要经过一系列市场经济过程才能最终反映出来。因此，如果计算存款准备金率与滞后一年的金融租赁合同增加额，相关系数扩大至 -0.4，高于同期相关系数，说明央行提高存款准备金率对金融租赁业产生的影响存在滞后性；若计算 1 年期存款利率与滞后一年的金融租赁合同增加额，相关系数更是扩大至 -0.76，说明央行采取提高存贷款基准利率的价格型工具会显著地削弱一年后的金融租赁活动，且比数量型工具更加有效。当然，货币政策工具还包括公开市场操作（中央银行票据和国债）和窗口指导等，也会对金融租赁活动的开展产生重要影响。

金融租赁是否与货币政策的最终结果即市场的流动性相关？在 2007—2011 年范围内，M_2 同比增速总体经历了平稳——高企——回落——下跌的过程。2007 年 M_2 增速总体保持平稳；随后货币政策逐渐放宽，体现为 M_2 增速迅速增加，到 2009 年 9 月同比增速达到 29.3% 的高点；在此之后，货币政策

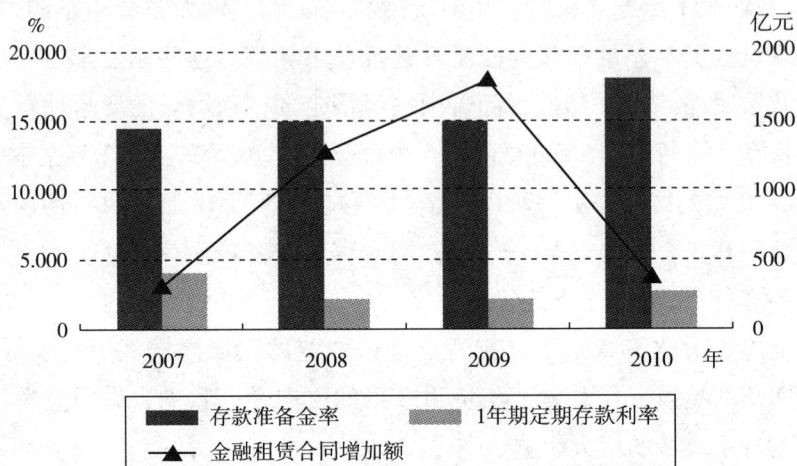

资料来源：中国人民银行、中国租赁联盟。

图 6 – 2　2007—2011 年存款准备金率、1 年期定期存款利率及金融租赁合同增加额

开始逐步收缩，M_2 增速随之回归正常，2010 年 6 月到达 18% 的正常水平；2011 年，中央银行货币政策进一步转紧，M_2 速度下跌至 2011 年 9 月 13% 的低位。图 6 – 3 展示了 M_2 增速与金融租赁合同增加额的关系。结果表明，M_2 增速与当期金融租赁合同增加额的相关系数为 0.42，即 M_2 增速越快，相应

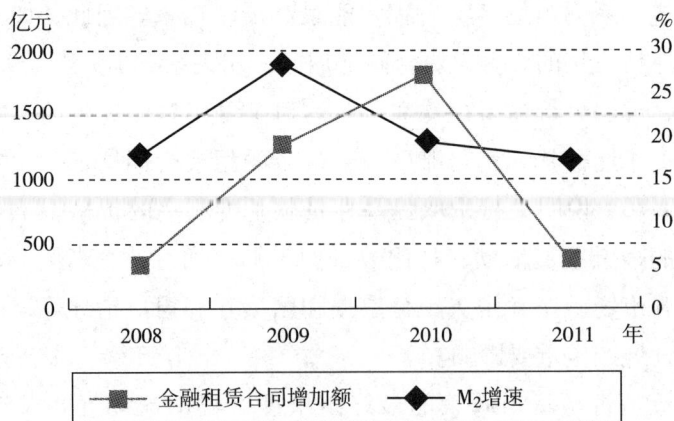

资料来源：中国人民银行、中国租赁联盟。

图 6 – 3　M_2 增速与金融租赁合同增加额

地，金融租赁增加额越高，流动性对当期金融租赁业务开展有较为显著的正面关联。考虑货币政策的滞后情况，M_2 增速与滞后一年金融租赁合同增加额的相关系数变为 0.78，即 M_2 增速与滞后一年金融租赁合同增加额呈现出更加显著的正相关关系。也就是说，M_2 影响金融租赁业务既有当期因素，又有一定的滞后期，这验证了金融租赁业务的开展与市场流动性环境密切相关。

（二）金融租赁与银行业、证券业发展的同步性

前面的论述表明，金融租赁活动与宏观经济走势一致，且会受到中央银行货币政策的显著影响。事实上，面临同样的宏观经济冲击和货币政策调控，金融租赁行业与其他金融活动并无二异，是货币政策实施的中间传导主体之一。这一点，可以通过对比金融租赁与两者的灵敏程度加以分析。

2007 年至 2011 年，从季度数据来看，我国金融机构新增人民币贷款呈波动状态，但总体仍是"两边低，中间高"。2007 年第四季度为 2700 亿元的低点，2009 年第一季度攀升至 45800 亿元的高点，随后又迅速下落至 2009 年第四季度的 9500 亿元，再之后震荡维持在约 20000 亿元左右。在股票市场上，2007 年以来的状况则大致为"繁荣——萧条——恢复——下降"。以季度数据为例，2007 年第三季度末上证指数到达 5552 点，在泡沫破裂和金融危机的

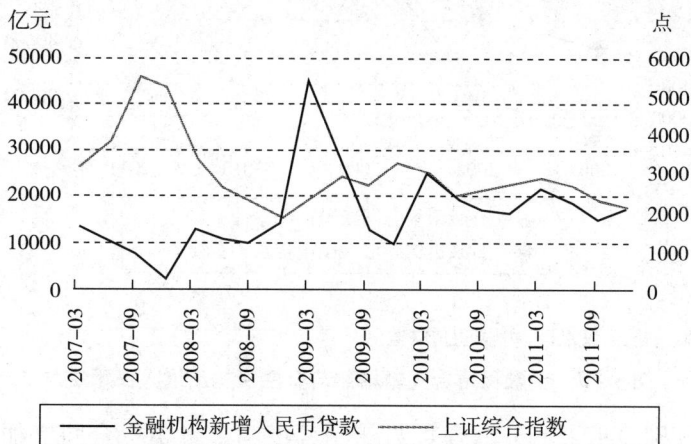

资料来源：中国人民银行、上海证券交易所。

图 6 - 4　金融机构新增人民币贷款与上证综合指数

双重打击下迅速探底，至 2008 年第四季度末约为 1820 点。在中国经济复苏的带动下，股票市场逐渐恢复，2009 年第四季度末恢复至 3100 点以上，但从 2010 年开始股市又进入新一轮的下降过程，到 2011 年底仅为 2200 点左右。

图 6-5 显示了 2007—2011 年金融租赁合同增加额与金融机构新增人民币贷款的关系，可以看到两者的走势基本一致，仅仅 2009—2010 年出现走势的不同。金融租赁合同增加额与金融机构新增人民币贷款的相关系数高达 0.77，说明金融租赁活动与银行业信贷活动基本保持同步。然而，值得注意的是，金融租赁的变化幅度要远远大于新增信贷的变化幅度，前者动辄达到 100% 以上，后者则平均为 30% 左右。这有可能是因为金融租赁仍处于发展初期，基数较小。但就 2012 年上半年就已经较 2011 年全年增长 400% 以上，说明较之商业银行信贷活动，金融租赁对宏观经济变化及货币政策调控的变化更加敏感。

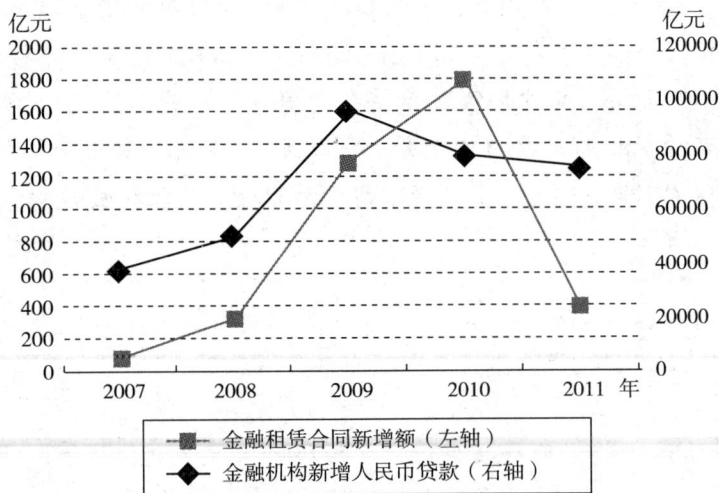

资料来源：中国人民银行、中国租赁联盟。

图 6-5　金融租赁合同新增额与金融机构新增人民币贷款

图 6-6 则显示了上证综合指数变化幅度与金融租赁合同增加额的关系。除了 2009—2010 年之外，两者的变化趋势基本一致。金融租赁合同新增额大约与上证综合指数相关系数达 0.8 以上，表明两者呈显著的正向相关关系。这说明金融租赁与股票市场也有密切的关联。与前面类似，在这一时期，金

融租赁的变化幅度也大于股票市场的变化幅度，说明金融租赁公司较之股票市场对宏观经济和货币政策变化更加敏感。

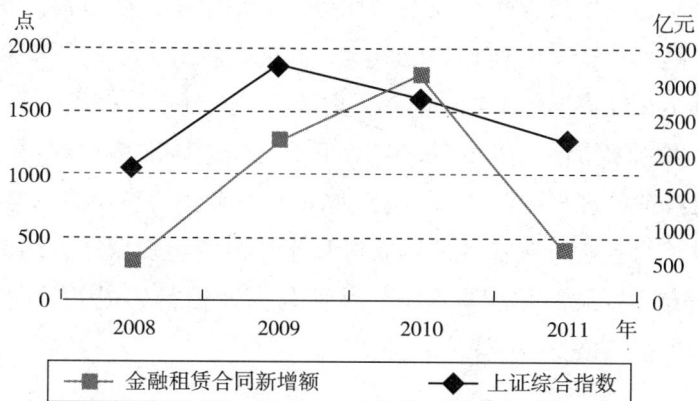

资料来源：中国租赁联盟、上海证券交易所。

图 6 - 6 金融租赁合同新增额与上证综合指数

（三）利率市场化改革与金融租赁发展

作为一种银行贷款的替代性融资手段，金融租赁公司与商业银行对于货币政策的应对具有很强的一致性，商业银行的变化也必然会影响金融租赁公司的发展。在现今的趋势来看，银行业面临着利率市场化改革的压力，这一变化会对金融租赁公司发展产生影响。我们认为利率市场化对金融租赁行业的发展整体上是有利的。

一方面，利率市场化改革将带来银行业更加自由的竞争，促使商业银行提高经营效率，降低管理费用，进一步降低金融租赁公司从银行获得贷款的利率，增加金融租赁公司的利润，从而给金融租赁公司带来更加丰富的现金流，有助于增加其从事金融租赁的业务规模。

另一方面，利率市场化改革也会降低企业从商业银行获得贷款的成本。由于目前金融租赁主要被企业视为银行贷款的替代性融资手段，银行贷款成本的降低必然减少企业对金融租赁的需求，金融租赁公司不得不更加努力寻找新的利润增长点。

尽管利率市场化对金融租赁公司的发展同时带来机会和挑战，但是只要应对得当、抓住机会，必定能够扬长避短，带来更加广阔的发展前景。毕竟，债务替代原本只是金融租赁公司存在的一项功能。作为一种新型的金融机构，金融租赁公司还具备减少代理成本的优势。欧债危机发生以后，银行拥有的设备抵押权越来越被发现具有顺位风险，而金融租赁公司的所有权风险几乎为零，尤其是在经济形势不好的时候反而能够更充分地发挥优势。

因此，在利率市场化改革后，金融租赁公司应该准确找到自身定位，发展符合自身特征的客户群体，而不是一味地与商业银行竞争贷款客户。例如，农银租赁见长的企业应该专注发展农村基建和设备租赁服务，船舶租赁见长的企业应该专注发展船舶租赁服务，从而与商业银行形成差异化客户群体，否则必然迷失在价格竞争中。

（四）小结

2007 年以来，中国的金融租赁业务的发展态势会受到中央银行的货币政策调控的显著影响。在货币政策宽松的时候，金融租赁业务发展迅猛；而在货币政策紧缩的时候，金融租赁业务发展也会受限。相比之下，价格型货币政策工具（利率调整）较之数量型货币政策工具（法定存款准备金率）更有效。金融租赁公司的发展与商业银行和股票市场等传统金融业务高度相关，但是对货币政策的反应更加敏感，因此有利于货币政策对实体经济的传导。

七、结论和政策建议

随着 2007 年以来中国金融租赁公司的井喷式发展，租赁合同交易余额迅速增加，截至 2012 年上半年，已经超过 5000 亿元，约占同期货币供给 M_2 余额的 5.5%。若是按照这种速度继续发展，金融租赁活动将成为全社会资金流动的一个不可忽视的环节。这在客观上对中国人民银行的货币供给以及相应的政策工具产生重要影响。

本报告通过理论和实证两方面研究，得出以下结论：

第一，目前，对银行信贷以外的融资方式讨论较多，绝大部分研究不加区别地将银行信贷和 A 股 IPO 融资之外的几乎所有融资方式，都归入到影子银行系统，金融租赁也被列入其中。这种笼统的定义、估算给出的风险提示和监管建议可能也是夸大和笼统的。我们建议，对金融租赁等新型金融机构，还是应该从理论和实务层面展开更细致的研究，不过急过早地下定论为好。

第二，总体上，金融租赁是贴近实体经济运行的金融活动和货币市场基金、证券衍生产品、融资融券等与实体经济运行相对较远的金融活动差异较大。考虑到商业银行日益面临资本性脱媒和技术脱媒的冲击，金融混业经营有所加速。建议金融租赁公司的财务活动，并表在其控股的银行财务报表之内，以完整地反映银行混业化进程中商业银行的财务回报和风险状况。

第三，目前金融租赁公司的经营杠杆较低，融资渠道相对狭窄。建议以控制租赁风险，限制贷款替代型租赁、保持资本充足率、控制金融租赁经营杠杆率、增强信息披露的前提下，取消部分在实务中意义不大的融资限制，拓宽金融租赁公司的有效融资渠道。

第四，由于金融租赁公司不需要遵循商业银行的法定存款准备金制度，可以利用商业银行的现金漏出，这会带来全社会货币乘数增加，增加基础货币对货币供给的影响。通常金融租赁的规模越大，就会越明显地弱化货币政策数量工具的调控效果，迫使央行更多地关注利率汇率等价格型调控工具。

第五，不同货币政策工具的效力发生变化。由于货币传导不再依赖存款准备金率，旨在改变货币乘数的法定存款准备金率有效性下降。但是，由于货币乘数加大，旨在调整基础货币的再贴现率调整政策和公开市场操作政策有效性会加强。我们建议央行日前逐步增强对货币乘数的监测，并更多地利用价格工具作为货币政策的中介目标。

第六，传统的以广义货币供给量 M_2 作为中介目标的货币政策不再适用，因为金融租赁交易并不计入传统的广义货币供给指标 M_2。但是，由于货币需求的利率弹性下降以及投资的利率弹性增加，货币供给变化对利率的影响以及利率对实体经济的反应会变得更加灵敏，使得利率中介目标的有效性增强。

第七，经验数据表明，金融租赁公司的业务规模与宏观经济密切相关。在中国，金融租赁很可能是逆周期的。即便是在经济低迷之时，面临企业强烈去库存化动机以及商业银行补充资本金压力日益增强，金融租赁公司也面临较多的发展机遇，但客观上要求监管部门放宽融资渠道限制，同时鼓励金融租赁公司积极拓展海外业务。此外，农业现代化带来的基础设施投资以及机械设备需求增加，也给金融租赁公司的长期发展带来了机遇。因此，建议对涉及城镇化、"三农"建设的金融租赁活动通过融资、财税等方面的安排进行适当扶持和优惠。

第八，金融租赁公司的业务规模变化与中央银行的货币政策保持一致且变化较之商业银行信贷规模和股票市场走势更加灵敏，能够显著地反映和执行中央银行的货币政策目标，进一步疏通中央银行的货币政策传导机制。但是，商业银行的利率市场化改革会降低金融租赁公司的债务成本，同时减少企业的融资需求，金融租赁公司的发展面临挑战，因此租赁不能作为突破信贷规模约束和风险约束的贷款替代工具，必须发展与商业银行不同的差异化客户群体才能扬长避短。

第九，在重视金融租赁对顺畅货币政策传导机制的同时，也应注重财税和产业政策对金融租赁的引导。目前在会计处理方面，租赁设备和企业有固定资产、租赁支出和成本列支方面，对金融租赁行业的政策倾斜不足。在税制方面，也仅对中外合资和开发区的租赁公司有一定优惠。我们建议借鉴国际会计准则和美、日的经验，对金融租赁实施结构性的支持政策，尤其是支持涉及城镇化、"三农"和科技创新领域的金融租赁活动。

基于以上结论，金融租赁公司的发展前景光明，而且不仅不会改变中央银行货币政策的传导效力，反而会强化货币政策的有效性。但是，实现这一点，也需要政策层面作出相应调整，总结简述如下：

（1）央行更多地关注和运用价格工具作为货币政策的中介目标。尽量减少法定存款准备金率调整，尽快转向以依赖公开市场操作和再贴现率调整为主导的货币政策工具。同时，由于金融租赁公司的发展使得货币乘数加快，央行的公开市场操作和再贴现率调整会变得更加灵敏，央行仅仅需要较小幅度的政策调整即可达到预定政策目标。

（2）央行应更多地关注市场化的利率和动态监测货币乘数的变化，减少对 M_2 调控的依赖。央行应该确定以市场化利率（例如 Shibor）为货币政策中介目标，通过关注利率的微调判断货币政策的实施效力，而不应过分依赖广义货币供给量 M_2 的变化进行判断。

（3）建议央行和监管部门要求金融租赁企业的控股银行在其财报中并表反映金融租赁的财务和风险状况。

（4）监管部门既做加法也做减法。加法集中在增加金融租赁的融资渠道和风险管理上；减法集中在控制金融租赁的杠杆率，以及有效监管其和控股股东之间的关联交易上。

（5）央行应从宏观审慎角度出发，扮演牵头监管人的角色。银行业在金融脱媒和技术脱媒的压力下，有加速展开混业经营的趋势，央行对银行控股公司进行牵头监管。

（6）在财政税收方面采取结构性政策，对涉及城镇化、"三农"和科技创新等领域的金融租赁，应予税收、财政贴息等支持。

（7）在税收政策方面多吸取国际会计准则和美、日经验，对金融租赁设备、租赁费用和成本列支方面，予以和自购设备差别化的处理。

附件　金融租赁在其他国家的发展经验

（一）英国金融租赁业的发展

英国是最早进行工业革命的国家，工业革命催生了对大型机械设备的需求，从而萌生了早期租赁业。虽然具备不同的背景，19 世纪中叶的铁路货车长期租赁和 19 世纪末制靴机、制鞋机租赁是英国金融租赁的早期萌芽。

第二次世界大战后，英国企业界和金融界开始重新重视租赁这种资金融通手段，英国金融机构把投资重点从消费信贷转向工业信贷。但英国现代租赁的发展受到了美国的深刻影响。由英美合资，在 1960 年成立的商业租赁公司是英国第一家现代租赁公司。之后，英国金融租赁快速发展，大部分融资机构、商业银行很快都开始涉足租赁业务。20 世纪 60 年代是英国现代租赁的创业期，70 年代是英国租赁产业得到迅速发展的时期，这一阶段融资租赁逐步成为一个新的产业部门。1971 年 8 月，英国设备租赁协会成立。虽然当时只有 13 家成员，但奠定了其英国租赁业的代表机构的地位。1985 年，英国设备租赁协会成员增至 76 家，加上非正式成员，目前约有 90 家公司。1979 年，英国还成立了租赁经纪人协会，包括 16 个会员公司，主要提供咨询、股票管理、投资评估等服务。

从金融租赁公司的背景看，英国金融租赁公司主要来源于银行等金融机构，租赁经纪人或者工业企业，其中仍以银行系金融租赁公司为主要力量。自 1976 年以来，工业企业开始成立一些辅助销售型租赁公司，经营如计算机、车辆、火车机车等专门设备的租赁。这些专门设备出租人一般不是设备租赁协会成员。

从金融租赁涉足的行业看，长期以来机械设备是最主要的租赁对象，其次是电脑、办公设备、商用车辆、汽车和飞机、船舶、石油开采设备等。英国租赁一般不包括不动产租赁，土地、工业建筑和私人住宅等，上述产品主要由保险公司、养老金专业财产公司以及使用长期基金承担租赁。

从政策背景看，金融租赁在税法上不享受任何特殊优惠，但在大多数情况下，可与贷款购买平等地享受政府对工业提供的各种投资鼓励，这与其他国家有不一致之处。不过，英国设备的出口租赁可以在商业、政治风险，担保偿还贷款和以特别的国家利率提供资金这三方面获得出口信贷担保局提供的担保支持。

（二）德国金融租赁业的发展

20 世纪 60 年代，与日本类似，德国战后复苏需要大量资金和设备。在此背景下，由美国传入的金融租赁业在德国蓬勃发展。1962 年，德国成立第一家金融租赁公司——德意志设备租赁公司，标志了德国金融租赁业的兴起。在此后的一段时间内，金融租赁业在德国发展十分迅速：1971 年，金融租赁占德国全部机械设备投资比重为 3.5%；1992 年，该比例达到 15.2%，总额达 386 亿马克；金融租赁融资占外部投资的份额在 1999 年接近 49%，自 2001 年开始超过 50%，2007 年超过 53%。

从金融租赁公司的背景看，德国金融租赁公司主要有三类：银行背景的融资租赁公司、厂商背景的融资租赁公司和独立的融资租赁公司。在主体数量上，独立的融资租赁公司所占比例较大；在市场份额上，银行背景和厂商背景的融资租赁公司所占比例较大，在 80% 左右。

从金融租赁的种类看，德国采用的租赁方式主要是直接融资租赁、杠杆租赁、转租赁、售后回租，收益百分比租赁及风险租赁等①。其中收益百分比租赁和风险租赁的风险较高。

从金融租赁的对象看，德国金融租赁对象主要分为动产（可移动的机器设备）和不动产（主要是房地产）两类。其中动产租赁投资是主体，且发展速度快于不动产租赁投资。1999 年，德国动产租赁投资额为 354 亿欧元，不动产为 69 亿欧元；2008 年，动产租赁投资额上升为 518 亿欧元，不动产下降

---

① 收益百分比租赁的租金由承租人的盈利状况决定，将承租人与出租人的目标一致化；风险租赁则是出租人将设备出租给承租人后，同时获得设备成本相对应的股东权益作为租金，此时出租人可以影响承租人的决策，同时获得相应比例的分红。

至 36 亿欧元。在动产融资租赁中，主要的租赁物包括汽车、大客车、火车、飞机、轮船、办公设备及生产设备等。其中汽车是主要部分，约占总额的一半。

从承租人的行业分布看，动产租赁承租人主要集中在服务、加工、交通、信息传播、贸易、家庭、建筑等行业，其中服务和加工业承租额占总额的一半以上。

从监管政策来看，德国并未对金融租赁进行单独立法，金融租赁受《民法典》租赁篇约束。虽然如此，《巴塞尔协议Ⅱ》规定，银行开办的融资租赁企业从会计处理业务上需要和母银行并表。同时，制造业厂商如大众、宝马、奔驰等开办的金融租赁公司，也是通过投资开办银行后由银行再投资成立融资租赁企业的方式开展融资租赁业务的，此类金融租赁公司由此也间接受到巴塞尔协议的监管。据估计，2009 年以前的德国融资租赁市场份额的近 80% 是受到间接监管的。与此同时，2008 年底，德国修改税法。一些金融租赁公司为了享受新税法的优惠，主动成为金融服务组织，并自愿接受相关监管。

（三）意大利金融租赁业的发展

意大利的金融租赁行业起步于 20 世纪 70 年代，萌芽时间相对较晚。但意大利金融租赁的发展速度快，后劲强，且带有浓厚的本国色彩。

从金融租赁的行业看，主要分布于三类，即交通工具、设备和房地产。近年来，三类资产均呈现出强劲增长，房地产资产的增长尤甚。三类资产的特点各不相同，如在期限和债务拖欠记录等方面均具有明显差异。

从出租人和承租人看，意大利金融租赁市场的承租人主体是中小企业，分布于经济的各个领域，且承租人在区域分布上大致上与具体的经济模式有较为密切的关联，主要集中于北部的生产活动区。意大利大约有 460 家公司参与金融租赁的出租，但是前 15 家公司的业务份额占比超过 2/3。在主要租赁公司中，绝大多数专营租赁业务或拥有专门的租赁附属机构的银行，或者拥有大型工业企业的附属租赁公司。

从监管看，意大利将金融租赁视为金融业务，所有租赁公司都由中央银行，即意大利银行管辖，必须申请金融牌照并获许可后方可运营，并且需要报告其主要交易及交易成本。这一制度的形成很大程度上是由于该国的金融租赁市场由银行背景的租赁公司统治，而制造商背景及其他的租赁公司占据较小的市场份额。超出限定规模的大型金融租赁公司需要在中央银行进行特别登记，需要提交专门报告，并接受中央银行官员的检查。在意大利，虽然严格的信用评估并不多见，但所有的公司仍要接受一个基本的风险评估，包括承租人的财务状况、目前的表内债务、未来的现金流预测、租赁期限等在内的情况都要按基础资产的特点进行审核。

（四）韩国金融租赁业的发展

韩国金融租赁业的发展也始于经济快速发展对资金和设备的需求。1972年韩国第一家融资租赁公司——产业租赁公司在其经济快速发展时期诞生，这是韩国金融租赁业的开端。1972年到1978年间，韩国制定了《设备租赁法》，为行业发展提供法律基础和保障。在此期间，涌现出大量金融租赁公司，例如韩国开发租赁公司和华信泰租赁公司（现花旗租赁）相继成立。此后，金融租赁的理念和经营方式在韩国得到广泛认可，大型综合型金融机构开始涉足金融租赁领域，这意味着金融租赁业开始大范围发展。在这种环境下，政府为了发挥金融租赁的作用，政府放宽了对金融租赁公司债券发行的限制条件。1984年以后，韩国金融租赁业继续快速发展，新成立了5个融资租赁公司。综合性金融公司的融资租赁业务获得较快发展，到1988年融资租赁业务占综合性金融公司业务总量的48%。进入90年代后，越来越多的机构开始参与金融租赁业，竞争加剧，利润空间减小，行业环境开始恶化。从1990年到1997年，又有17家地方性租赁公司相继成立，从事融资租赁业务的公司增加到40家。金融租赁市场规模也不断扩大，1994年市场规模达到100亿美元，成为世界第五大融资租赁市场。同时，韩国政府将《设备租赁法》并入《专业信贷金融业法》，放宽了金融租赁的准入条件，将许可制改成备案制。由于之前在宽松条件下金融租赁机构大肆借贷，并在海内外拓展业务，1998年亚洲金融危机爆发后企业大量收缩设备购置业务，韩国金融租赁机构出现大量呆账坏账。金融租赁业进入调整时期。目前，韩国融资租赁业仍处于结构调整期，市场仍不景气。从事融资租赁业务的公司共33家，其中专营公司 18 家，兼营公司 15 家。市场规模虽从 1998 年金融危机时的 10 亿美元上升到 2004 年的 40 亿美元，但与 1994 年的 100 亿美元相比差距尚大。

韩国的金融租赁业政策较为宽松，主要体现在：（1）1998 年韩国将《设备租赁法》并入《专业信贷金融业法》，将金融租赁企业的审批制改为备案制，并规定金融监督委员会是该行业的登记备案部门；（2）根据韩国商法规定，企业发行债券不得超过净资产的 4 倍，但融资租赁公司可高达 10 倍；（3）法律规定的与租赁关系有关的资格要件，只要承租人具有，也可看做出租人具备。

后　记

　　当前，金融租赁业发展迅速、市场前景广阔，但由于其在国内仍然是一项新兴业务，其外部制度环境，如法律环境、监管环境等还不够完善，如何借鉴其他发达国家的成功经验，是全行业面临的共同问题。此外，金融租赁行业的快速发展对我国货币政策、金融监管也带来诸多挑战，应对这些挑战，控制金融租赁业快速发展中可能面临的风险，也是摆在从业者和监管者面前的重大问题。

　　上海新金融研究院是致力于新金融领域研究的非营利性研究机构，受研究院创始理事单位农银金融租赁有限公司委托和赞助，研究院围绕金融租赁开展了若干课题研究。此次即为第一批课题成果的结集出版。具体的课题承担情况为：《中美两国融资租赁业的比较研究》由研究院学术委员、中国银监会上海监管局局长廖岷担任课题负责人，上海银监局的林谦、陶瑾宇、高一翔、王威、孙永等为课题组成员；《我国金融租赁业风险管理研究》由研究院学术顾问、中国人民银行上海总部副主任凌涛担任课题组负责人，中国人民银行上海总部金融稳定部的杜要忠、庄伟、周正清、瞿士杰等为课题组成员；《金融租赁公司发展对货币政策传导机制的影响研究》由研究院学术委员、副院长钟伟教授完成。

　　并且，研究院为此次结集出版的几个课题报告专门召开了研讨会。研究院副理事长、上海市黄浦区区长周伟，研究院创始理事、农银金融租赁总裁高克勤，研究院学术顾问、中国人民银行上海总部副主任凌涛，研究院学术委员、上海银监局局长廖岷，研究院副院长钟伟，海通证券副总裁兼首席经济学家李迅雷，研究院理事单位代表、农银金融租赁副总裁杨金国，农银金融租赁战略发展部总经理孔志峰，弘毅投资（上海）副总经理沈顺辉，恒信金融租赁公共事务总监周司佳，黄浦区金融服务办公室主任江锡洲，研究院特邀专家、国泰君安证券高级经济学家林采宜，上海浦东发展银行战略发展部总经理李麟，中国金融四十人论坛成员、财政部财政科学研究所所长贾康，论坛特邀研究员、中国农业银行首席经济学家向松祚，论坛理事会单位代表、上海浦东发展银行副行长刘信义，研究院特邀嘉宾、中国人民银行上海总部金融稳定部副主任杜要忠，上海银监局非银行金融机构监管处处长林谦，招银金融租赁副总裁刘卫东，远东宏信租赁副总裁王明哲，浦银金融租赁总经理向瑜，招银金融租赁业务研发部总经理史永赳等四十余位领导、嘉宾出席了研讨会。与会专家对课题报告提出了诸多富有建设性的意见，各课题组在修改过程中也参考、吸收了这些意见。

需要说明的是，研究院在组织课题研究的过程中，始终坚持了中立立场，各课题组在研究过程中，课题委托方和研究院均给予了完全的学术自由。课题成果反映了课题组在相关问题研究中的学术观点，并不代表其所在单位的观点。此外，由于金融租赁行业在我国的发展尚处于初级阶段，对一些基本概念的界定、行业数据等都可能存在不同的认知，这在各个课题报告中也有所体现。对此，我们没有给予修改，原稿照录，这也是对各课题组学术研究的尊重。唯希望读者在阅读时自行辨析和判断。

2013 年 3 月 25 日

附录一

上海新金融研究院简介

　　为支持上海国际金融中心建设，探索国际金融发展新趋势，求解国内金融发展新问题，2011 年 7 月 14 日，"上海新金融研究院"在沪成立。研究院由中国金融四十人论坛举办，与上海市黄浦区人民政府战略合作。研究院定位为独立、专业、开放的学术交流平台，努力提供一流的研究产品，开展高层次、有实效的研讨活动。

　　中国金融四十人论坛是一家非官方、非营利性的独立智库，专注于经济金融领域的政策研究。论坛成立于 2008 年 4 月 12 日，由 40 位 40 岁上下的金融精锐组成，即"40×40 俱乐部"。本智库的宗旨是：以前瞻视野和探索精神，致力于夯实中国金融学术基础，研究金融领域前沿课题，推动中国金融业改革与发展。

Introduction of SFI

On July 14th, 2011, Shanghai Finance Institute (SFI) was established in Shanghai so as to support the development of the Shanghai international financial center, to explore new trends in international financial markets and to solve the new issues of domestic financial fields. SFI is operated by CF40 and has strategic cooperation with Shanghai Huangpu District government. SFI is an independent, professional, open platform for academic exchange, provides first – class research products, and conducts high – level and effective research activities.

China Finance 40 Forum (CF40) is a non – governmental, non – profit and independent think tank dedicated to policy research on economics and finance. CF40 was founded on April 12th 2008 and is a "40 × 40 club" that consists of 40 financial elites around 40 years old. With a forward – looking vision and an exploratory spirit, CF40 aims to enhance the academic foundation of China's finance, provide high – quality research on emerging financial issues and promote financial reform and development.

附录二

上海新金融研究院组织架构与成员名单
（2014 年）

研究院顾问委员会主席：

陈　元　全国政协副主席

研究院顾问委员会成员（按姓氏拼音排序）：

1　　方星海　中央财经领导小组办公室经济一组巡视员

2　　胡怀邦　国家开发银行董事长

3　　姜　洋　中国证券监督管理委员会副主席

4　　凌　涛　中国人民银行上海总部副主任

5　　屠光绍　上海市委常委、常务副市长

6　　王　江　美国麻省理工学院斯隆管理学院金融学教授

7　　吴晓灵　全国人大财经委副主任委员

8　　阎庆民　中国银行业监督管理委员会副主席

9　　易　纲　中国人民银行副行长、国家外汇管理局局长

10　　袁　力　国家开发银行副行长

研究院理事长：

万建华　国泰君安证券股份有限公司董事长

研究院副理事长：

1　　郑　杨　上海市金融服务办公室主任

2 　周　伟　上海市黄浦区委书记

3 　王海明　中国金融四十人论坛秘书长

研究院创始理事（截至 2014 年 2 月，按姓氏拼音排序）：

1 　陈继武　上海凯石益正资产管理有限公司总经理

2 　高克勤　农银金融租赁有限公司总裁

3 　关达昌　东亚银行行长

4 　郭宇航　点融网联合首席执行官、共同创始人

5 　侯福宁　上海农村商业银行行长

6 　兰　荣　兴业证券股份有限公司董事长

7 　李国红　山金金控资本管理有限公司董事长、总经理

8 　李建国　上海银行副行长

9 　李思明　恒信金融租赁有限公司首席执行官

10 　李迅雷　海通证券副总裁、首席经济学家

11 　连　平　交通银行首席经济学家

12 　刘信义　上海浦东发展银行副行长

13 　潘卫东　上海国际信托有限公司董事长

14 　潘鑫军　东方证券股份有限公司董事长

15 　彭　蕾　阿里小微金融服务集团首席执行官

16 　袁国根　上海重阳投资管理有限公司董事长

17 　唐　宁　宜信公司创始人、CEO

18 　许罗德　上海黄金交易所理事长

19 　许　臻　上海清算所董事长

20 　杨华辉　兴业国际信托有限公司董事长

21 　姚文平　德邦证券有限责任公司董事长

22 　赵令欢　弘毅股权投资管理（上海）有限公司总裁

23 　周　雄　中泰信托有限责任公司总裁

研究院会员单位：

上海金茂律师事务所

研究院学术委员会主席：

钱颖一 上海新金融研究院院长

研究院学术委员会成员（按姓氏拼音排序）：

1 李迅雷 海通证券首席经济学家
2 连 平 交通银行首席经济学家
3 廖 岷 中国银监会上海监管局局长
4 马 骏 中国人民银行研究局首席经济学家
5 缪建民 中国人寿保险（集团）公司总裁
6 张 春 上海交通大学上海高级金融学院执行院长
7 郑 杨 上海市金融服务办公室主任
8 钟 伟 上海新金融研究院副院长

研究院监事长：

许 臻 上海清算所董事长

研究院监事会成员（按姓氏拼音排序）：

1 管 涛 国家外汇管理局国际收支司司长
2 吴 成 上海市黄浦区人民政府副区长

研究院院长：

钱颖一

研究院副院长：

钟 伟 王海明